R.E.I. Editions

Tutti i nostri ebook possono essere letti sui seguenti dispositivi:
- Computer
- eReader
- iOS
- Android
- Blackberry
- Windows
- Tablet
- Cellulare

Degregori & Partners

E.T.F. - Exchange Traded Funds

Quaderni di Finanza 8

ISBN: 978-2-37297-3502
Disponibile anche in formato Ebook - ISBN: 978-2-37297-3885

Pubblicazione ottobre 2019
Nuova edizione gennaio 2022
Copyright © 2018 - 2022 R.E.I. Editions
www.rei-editions.com

Le informazioni sui prodotti finanziari e i commenti ai mercati espressi in questo volume non rappresentano in alcun modo una raccomandazione all'acquisto o alla vendita di titoli. Nessuna informazione contenuta nel presente testo costituisce o deve essere interpretata come un consiglio di investimento, legale o fiscale: una consulenza professionale e specifica è sempre indispensabile prima di prendere qualsiasi decisione di investimento.

I Quaderni di Finanza hanno lo scopo di promuovere la diffusione dell'informazione e della riflessione economico-finanziaria sui temi relativi ai mercati mobiliari nazionali e internazionali e alla loro regolamentazione.

Piano dell'opera

Degregori & Partners

E.T.F.

Exchange Traded Funds

Quaderni di Finanza (8)

R.E.I.Editions

Indice

E.T.F. - Exchange Traded Funds

Gli E.T.F. (Exchange Traded Funds, letteralmente "fondi indicizzati quotati") sono una particolare categoria di fondi, le cui quote sono negoziate in Borsa in tempo reale come semplici azioni, attraverso una banca o un qualsiasi intermediario autorizzato; non sono fondi comuni d'investimento e neppure Sicav e sono caratterizzati da una gestione totalmente passiva in quanto replicano l'andamento di un determinato indice.

- Essere gestiti in modo passivo significa che il loro rendimento non dipende dall'abilità del gestore, ma dalle caratteristiche di un indice borsistico; tale indice può essere azionario, per materie prime, obbligazionario, monetario, o altro ancora. La gestione passiva rende tali fondi molto economici, con spese di gestione solitamente inferiori al punto percentuale, e quindi competitivi nei confronti dei fondi attivi.

L'opera del gestore si limita a verificare la coerenza del fondo con l'indice di riferimento (acquisizioni societarie, fallimenti, crolli di quota possono far escludere o entrare altri titoli nell'indice), nonché correggerne il valore in caso di scostamenti; tali differenze di valore fra la quota del fondo e quella dell'indice di riferimento sono ammessi nell'ordine di pochi punti percentuali (1 o 2%).

La loro grande diversificazione, unita alla negoziazione borsistica, li rende competitivi nei confronti dell'investimento in singole azioni e meno rischioso. Tuttavia la minore rischiosità è riferita agli ETF comuni, perché esistono anche ETF prettamente speculativi, specifici per il trading giornaliero: ETF a leva, ETF invertiti, ETF a leva invertita. Un ETF riassume, quindi, in sé le caratteristiche proprie di un fondo e di un'azione, consentendo agli investitori di sfruttare i punti di forza di entrambi gli strumenti:

- Diversificazione e riduzione del rischio proprie dei fondi.

- Flessibilità e trasparenza informativa della negoziazione in tempo reale delle azioni.

IL BOOM DEGLI ETF NEL MONDO

CRESCITA ESPONENZIALE
Crescita degli attivi in gestione degli Etf globali.
Dati in miliardi di dollari

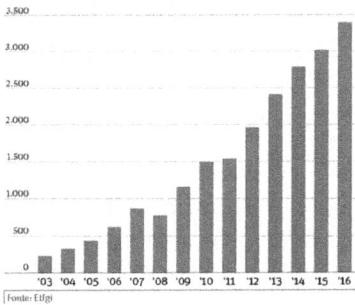

FLUSSI IN USCITA DAI FONDI ATTIVI VERSO QUELLI PASSIVI
Movimenti dei capitali tra tipologie di fondi sul mercato Usa.
Dati in miliardi di dollari

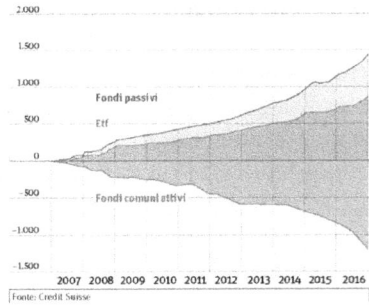

Fonte: Etfgi

Fonte: Credit Suisse

Con gli ETF è possibile investire in molti settori dell'economia mondiale riguardanti la liquidità, i mercati obbligazionari, i mercati azionari e le materie prime. Negli Stati Uniti sono negoziati già dagli anni '90, in Italia sono stati quotati a partire dal 2002. Una delle caratteristiche peculiari di questo strumento è costituita dall'indicizzazione: gli ETF replicano, infatti, passivamente la composizione di un indice di mercato - geografico, settoriale, azionario o obbligazionario - e di conseguenza anche il suo rendimento. Così, se ad esempio l'indice S&P 500 si apprezza del 2%, l'ETF legato allo S&P 500 registrerà un rialzo della stessa proporzione.

- Gli ETF, quindi, replicano un benchmark; quando uno dei componenti del benchmark viene sostituito, anche la corrispondente attività finanziaria all'interno del fondo viene sostituita, senza porsi problemi di maggiore o minore convenienza.

Quindi, chi investe attraverso un ETF non si dovrà preoccupare del ribilanciamento, poiché l'ETF si uniformerà automaticamente alle componenti e ai pesi dell'indice di riferimento. A differenza dei fondi comuni, che valorizzano solitamente a fine giornata, gli ETF vengono scambiati in negoziazione continua come avviene per i titoli azionari e di

12

conseguenza il loro valore varia continuativamente nell'ambito della stessa giornata di contrattazioni. Va considerato però che qualora la valuta di riferimento dell'indice sia differente da quella di negoziazione, che è sempre l'euro, il rendimento dell'ETF potrà divergere da quello del benchmark per effetto della svalutazione o rivalutazione di tale valuta nei confronti dell'euro. Una copertura valutaria si può utilizzare per attenuare l'effetto delle oscillazioni dei cambi. Storicamente, queste strategie richiedono notevoli competenze e infrastrutture sia per la loro esecuzione sia per garantire in modo continuativo che la copertura valutaria corrisponda precisamente all'esposizione alle materie prime, il che significa che possono essere implementate solo da investitori istituzionali. Tuttavia, un ETF con copertura valutaria non solo offre esposizione all'attivo sottostante, ma comprende anche una copertura valutaria integrata per attenuare l'impatto valutario. Ciò consente agli investitori di concentrarsi sulla valutazione dell'attivo sottostante in base ai suoi fondamentali, senza doversi preoccupare del rischio di cambio. Gli ETF possono per alcuni aspetti essere equiparati ai Fondi Comuni di Investimento ma non alle SICAV, dato che, come per i fondi comuni d'investimento, il patrimonio degli ETF è autonomo e completamente separato da quello dell'emittente, fattore questo che li rende più sicuri rispetto ad altre forme d'investimento. Infatti, il fallimento di un'emittente non comporta alcun rischio patrimoniale per il patrimonio dell'ETF e pertanto per l'investitore. Gli ETF possono pagare dividendi e, infatti, proprio come i fondi comuni, si dividono in:

- ETF a distribuzione, con pagamento di dividendi periodici, che sono distribuiti al netto delle spese sostenute dal gestore. Il rendimento da dividendi mette in relazione la rendita pagata da un ETF con il prezzo della quota:

Rendimento da dividendi =

Dividendi annui per quota / prezzo della quota

Se un ETF paga un dividendo di 0,47 euro ed è costato 22,23 euro per acquistarlo, il rendimento sarà:

0,47 euro / 22,23 euro = 2,11%

- ETF ad accumulazione, con il reinvestimento dei dividendi automaticamente nel fondo (indici total return).

Gli ETF sono strumenti molto liquidi, per importi fino a 1.000.000 di euro la negoziazione avviene agevolmente sul mercato di Borsa. Per importi superiori è necessario operare OTC, cioè fuori dal mercato direttamente con un market maker. Alcuni intermediari offrono la possibilità di vendere gli ETF allo scoperto (short selling, una delle cosiddette "strategie di copertura") per poter assumere una posizione ribassista, specialmente sui mercati azionari.

- Questo particolare tipo di gestione fa sì che questa categoria di fondi abbia commissioni di gestione molto ridotte e nessuna commissione di ingresso, di uscita o performance.
- Le commissioni totali annue, chiamate TER, vanno da un minimo dello 0,09% a un massimo di 1,5% e sono pagate in proporzione al periodo di detenzione dell'ETF.

Come già detto, gli ETF si caratterizzano come una via di mezzo tra un'azione e un fondo e consentono di sfruttare i punti di forza di entrambi gli strumenti. In particolare acquistando un ETF è possibile realizzare la diversificazione e la riduzione dei rischi tipica di un fondo di investimento, scambiando le quote del fondo come una normale azione. Questi strumenti offrono il vantaggio di essere quotati su un mercato regolamentato con un lotto minimo di un titolo: con una sola operazione, si acquista/vende l'intero portafoglio di titoli che compongono l'indice, garantendo l'accesso a un investimento diversificato anche con importi limitati.
La trattazione in continua degli ETF rende possibile conoscere il valore di mercato del prodotto in ogni istante, a differenza dei

fondi comuni di investimento tradizionali, il cui valore viene fissato una sola volta al giorno, generalmente a fine giornata, consentendo di:

- Prendere posizione in tempo reale sul mercato target con una sola operazione di acquisto.
- Realizzare l'identica performance dell'indice benchmark. Obiettivo del gestore di un ETF è, infatti, far sì che le performance total return del fondo siano il più possibile allineate a quelle, sempre total return, del benchmark di riferimento o, detto in altri termini, minimizzarne il differenziale di rendimento (Tracking Error). Il tracking error (o tracking error volatility) rappresenta la volatilità della differenza tra i rendimenti giornalieri di ciascun ETF e quelli del rispettivo indice. Tanto più basso è il tracking error, tanto più efficace è la replica, cioè l'ETF ricalca più fedelmente l'andamento dell'indice.
- Avere un prezzo di mercato costantemente allineato al NAV. Grazie al particolare meccanismo di funzionamento sul mercato primario detto creation/redemption in kind, che permette ai partecipanti autorizzati di creare e rimborsare le quote scambiando gli ETF con tutti i titoli componenti l'indice di riferimento, e viceversa, il prezzo in Borsa è costantemente allineato al valore ufficiale dell'ETF, il Net Asset Value (NAV); di conseguenza il rischio di acquistare un ETF a premio o di venderlo a sconto è ridotto, tuttavia questo rischio non può essere escluso a priori.
- Ottenere un'ampia diversificazione; investire in un ETF significa prendere facilmente posizione su un intero indice di mercato che, facendo riferimento a un paniere ampio di titoli, diversifica e diminuisce il rischio dell'investimento.
- Ridurre il costo complessivo del proprio portafoglio.
- Eliminare il rischio emittente.

Le asset class accessibili attraverso l'investimento in ETF sono estremamente diversificate. E', infatti, possibile puntare su:

- Indici obbligazionari: titoli di stato denominati in euro, dollari, sterline e segmentati per scadenza. Titoli di società private dell'area euro e non.
- Indici azionari rappresentativi di singoli mercati e di intere aree geografiche: Italia, Gran Bretagna, Germania, Svizzera, Giappone, Europa, Usa.
- Indici azionari di mercati emergenti: Cina, India, Russia, Brasile, Turchia, Korea, Taiwan.
- Indici azionari settoriali: automobili, tecnologici, telecomunicazioni, utilities, banche, energia, servizi finanziari.
- Indici azionari style: mid cap, small cap, value, growth, select dividend.
- Indici di materie prime: petrolio, oro, caffè. In passato è sempre stato difficile per gli investitori ottenere accesso all'oro, poiché era necessario avere le risorse per stoccare i lingotti oppure la competenza per acquisire esposizione tramite i contratti future. Ora, invece, è possibile accedere al mercato aurifero tramite gli ETF, che sono negoziati con la stessa facilità delle azioni e senza dover eseguire la consegna fisica del metallo. In tutto il mondo ora sono investiti oltre 125 miliardi di dollari statunitensi in oro tramite ETF. L'accesso all'oro e ad altre materie prime è prezioso in quanto storicamente le commodities hanno avuto una correlazione bassa con il contesto economico più ampio. L'oro, ad esempio, è spesso usato dagli investitori come copertura in condizioni di elevata volatilità per proteggersi dal rischio.
- Indici di società immobiliari e di private equity.

Date le sue caratteristiche, l'ETF si presta a varie modalità d'impiego:

- Investimento di medio/lungo termine. Gli ETF non hanno scadenza e quindi è possibile prendere posizione sul mercato target anche con un orizzonte temporale di lungo termine.

- Trading anche di tipo intraday. In considerazione dell'elevata liquidità che li caratterizza, gli ETF possono essere utilizzati, esattamente come le azioni, per cogliere i movimenti infragiornalieri dell'indice di riferimento e quindi per puro scopo di trading.
- Vendita allo scoperto al fine di prendere una posizione ribassista sull'indice di riferimento anche su un arco temporale superiore al giorno.

La possibilità di diversificare facilmente il portafoglio, la precisione con cui viene replicato l'indice benchmark e i bassi costi di gestione fanno si che l'ETF sia particolarmente adatto anche alla costruzione di un piano di accumulo (PAC) attraverso versamenti periodici, anche di piccola entità, effettuati dai singoli investitori. Non deve, invece, essere dimenticato che gli ETF sono ovviamente esposti al rischio che le azioni, le obbligazioni e gli altri strumenti in cui è investito il loro patrimonio perdano valore. Nei mercati esistono, infatti, due tipi di rischi:

- Un rischio sistematico, o rischio di mercato, o non diversificabile, legato al mercato di riferimento: andamento dell'indice di Borsa, oscillazioni del tasso di interesse e/o del tasso di cambio.
- Un rischio specifico, legato alle caratteristiche specifiche dello strumento finanziario: andamento di un titolo rispetto all'indice di mercato. Il rischio specifico dipende dalle caratteristiche peculiari dell'emittente. E' pertanto fondamentale apprezzare la solidità patrimoniale delle società emittenti e le prospettive economiche delle medesime tenuto conto delle caratteristiche dei settori in cui le stesse operano. Poiché i prezzi dei titoli di capitale riflettono in ogni momento una media delle aspettative che i partecipanti al mercato hanno circa le prospettive di guadagno delle imprese emittenti, per la misurazione del rischio specifico è

possibile ricorrere in via primaria all'analisi fondamentale.

I rischi sistematici non sono eliminabili, mentre quelli specifici possono essere rimossi attuando la diversificazione di portafoglio. Nel caso di un ETF o ETF strutturato, la diversificazione è immediata ed evita di acquistare tutti i titoli appartenenti al paniere di riferimento prescelto, operazione che richiederebbe altrimenti costi e tempi molto elevati, con la certezza di ottenere un rendimento fedele all'indice sottostante. Anche gli ETF, come qualsiasi altro titolo quotato in Borsa, presentano una differenza tra prezzi denaro (in acquisto) e prezzi lettera (in vendita), meglio conosciuta con il termine di bid-ask spread. Lo spread denaro-lettera si definisce, quindi, come la differenza tra questi due prezzi e rappresenta in ultima istanza un costo implicito per l'investitore. Due altri concetti rivestono notevole importanza per chi investe in strumenti quotati:

- La profondità (o spessore) del book. Con profondità del book si intende l'esistenza di ordini sia in acquisto sia in vendita per numerosi livelli di prezzo. Un book di negoziazione profondo riduce la presenza di vuoti di domanda/offerta e attenua il rischio di eccessive variazioni di prezzo.
- L'ampiezza del book di negoziazione nel quale vengono esposte le proposte di tutti gli operatori. Con ampiezza del book si fa riferimento alla presenza di proposte di dimensioni elevate. L'ampiezza limita il market impact derivante da un singolo ordine con elevate quantità.

La liquidità di uno strumento finanziario è misurata dalla presenza costante sul book di negoziazione di prezzi, sia in acquisto sia in vendita, con spread competitivi e quantità offerte elevate. La liquidità degli ETF negoziati in Borsa Italiana è assicurata dalla presenza costante di due soggetti:

- Specialista: un intermediario, aderente al mercato, che si assume l'obbligo di esporre in via continuativa ordini in acquisto e in vendita con obblighi sia in termini di quantità minima da esporre in acquisto e in vendita, sia in termini di massima distanza percentuale tra il prezzo cosiddetto denaro (bid) e il prezzo cosiddetto lettera (ask). Ogni ETF quotato ha uno specialista ufficiale.

- Liquidity Providers: uno o più operatori che, pur non avendo nessun obbligo, supportano la liquidità degli ETF esponendo in conto proprio proposte di negoziazione in acquisto e/o in vendita. Ogni ETF può avere uno o più Liquidity Provider.

- A partire dal 1° febbraio 2016, sul mercato ETFplus, è entrata in vigore una nuova figura di operatore a sostegno della liquidità che si affianca allo Specialista e al Liquidity Provider, l'Advanced Liquidity Provider.

Specialist

Un requisito importante ai fini dell'ammissione alla quotazione degli ETF è l'impegno di almeno un operatore specialist a esporre in via continuativa prezzi in acquisto e vendita per una quantità minima e lo spread massimo, con l'obbligo di reintegro delle quotazioni in caso di applicazione. Borsa Italiana monitora il rispetto di questi impegni in via continuativa.

La funzione di specialista può essere assolta da un operatore aderente al mercato ETFplus che sia in grado di inviare quotes, ovvero ordini contemporanei in acquisto e vendita (bid e ask). Nel caso in cui la funzione di specialist sia assolta da un operatore non già specialist sul mercato ETFplus dovranno essere effettuati alcuni semplici test al fine di verificare la corretta implementazione di tale funzionalità.

In dettaglio gli obblighi di quotazione riguardano:

- Obbligo di esposizione in continua di prezzi di acquisto e di vendita. Lo specialista si espone sempre sul book sia con un prezzo di acquisto sia con un prezzo di vendita. Questo assicura agli investitori di trovare sempre una valorizzazione aggiornata dello strumento d'interesse e la possibilità di smobilizzare un investimento o viceversa di effettuarlo ed eventualmente incrementarlo. Quando lo specialista viene colpito sul book, ha tempo cinque minuti per ripristinare le quotazioni.

- Obbligo di esporre una quantità minima: l'obbligo di presenza sul book deve soddisfare un quantitativo minimo in termini di numero di strumenti. Le quantità minime vengono ricalcolate quattro volte all'anno (in gennaio, aprile, luglio e ottobre) sulla base dei prezzi aggiornati degli strumenti.

- Obbligo di spread massimo: l'obbligo di presenza in acquisto e in vendita deve rispettare un differenziale massimo tra il prezzo in acquisto e il prezzo in vendita.

Tali obblighi sono definiti da Borsa Italiana in funzione delle caratteristiche peculiari di ogni strumento e del relativo mercato sottostante, volumi degli scambi dei componenti e relativa volatilità, tenendo in considerazione ogni aspetto che potrebbe influire sull'attività dello specialista: orari di negoziazione differenti tra sottostante e strumento, rischio di cambio, ecc. Il rispetto degli obblighi è attentamente monitorato da Borsa Italiana, nello specifico dall'area Markets Supervision. Nella verifica del rispetto degli obblighi, si tiene conto tra l'altro di un indicatore sintetico, epsilon, calcolato mensilmente, che misura il rispetto dei tre obblighi sopra citati. L'epsilon viene calcolato nel seguente modo:

Epsilon (%) =

0,4 * P_ratio + 0,4 * S_ratio + 0,2 * Q_ratio

dove:
- P_ratio è calcolato in funzione del numero di minuti di rispetto degli obblighi di quotazione in via continuativa.
- S_ratio è calcolato in funzione del numero di minuti di rispetto degli obblighi di spread.
- Q_ratio è calcolato in funzione del numero di minuti di rispetto degli obblighi di quotazione di quantitativi minimi.

Su richiesta scritta degli operatori specialisti, Borsa Italiana può sospendere o ridurre temporaneamente gli obblighi degli stessi in presenza di cause documentate che pregiudichino l'osservanza dell'obbligo stesso. Gli specialisti sono, inoltre, esonerati dal pagamento delle trading fees per i contratti eseguiti nell'assolvimento dei loro obblighi di quotazione.

21

Liquidity Providers

Oltre agli Specialisti, il mercato ETFplus prevede anche la presenza facoltativa di Liquidity Providers, cioè di uno o più operatori che, pur non avendo nessun obbligo, supportano la liquidità degli ETF e degli ETC esponendo in conto proprio proposte di negoziazione in acquisto e/o in vendita, contribuendo ad aumentare l'ampiezza e lo spessore del book di negoziazione. Borsa Italiana riconosce a tali operatori su base mensile uno sconto dalle trading fee nel caso in cui l'operatore abbia raggiunto una market share del 20%. La market share è determinata considerando il controvalore realizzato in conto proprio dall'intermediario per lo specifico strumento confrontandolo con il controvalore totale del mercato moltiplicato per due (controvalore double counted). La presenza dei liquidity provider è facoltativa e possono essere riconosciuti più liquidity provider per ciascun ETF.

Advanced Liquidity Provider

L'Advanced Liquidity Provider è un operatore al quale Borsa Italiana riconosce uno sconto totale dalle trading fees derivanti dall'assolvimento degli obblighi di sostegno alla liquidità di ETF, ETC ed ETN. Ogni intermediario aderente a ETFplus può richiedere di agire come Advance Liquidity Provider su uno o più strumenti, previo accordo e designazione da parte dell'emittente degli strumenti finanziari. Per poter accedere allo sconto l'Advanced Liquidity Provider deve raggiungere, per lo strumento sul quale è riconosciuto come tale, una market share del 10% calcolata confrontando la sua attività in conto proprio con il controvalore dello strumento, considerando la somma tra acquisti e vendite. Condizione di permanenza nello schema è il rispetto degli obblighi di quotazione, in termini di presenza sul book, spread massimo di prezzo e quantità minima per ciascuna migliore proposta in acquisto e in vendita, su base continuativa. Qualora l'Advanced Liquidity Provider non dovesse rispettare i suddetti obblighi per due mesi consecutivi, sarà automaticamente escluso dallo schema per lo strumento rilevante. Per essere riconosciuto come Advanced Liquidity Provider per uno o più strumenti, l'intermediario deve fare richiesta scritta a Borsa Italiana che dispone la nomina a partire dal mese successivo. Precondizione necessaria è la designazione da parte dell'emittente per ciascun specifico strumento. Per ogni ETF, ETC ed ETN quotato, l'emittente ha la possibilità di designare uno e un solo Advanced Liquidity Provider. Per uno stesso strumento, la figura di Advanced Liquidity Provider è incompatibile sia con quella di Specialista che con quella di Lliquidity Provider. Al momento dell'accettazione della domanda di Advanced Liquidity Provider, decadrà automaticamente l'eventuale altro ruolo di supporto alla liquidità tenuto dall'intermediario sullo stesso strumento. Nello schema di Advanced Liquidity Provider è previsto un servizio dati di performance innovativo e dettagliato che sarà fornito gratuitamente all'operatore e all'emittente dello specifico strumento. Con l'obiettivo di premiare il sostegno della liquidità, viene confermata l'esenzione totale dal pagamento delle trading fees per i contratti in conto proprio derivanti dall'immissione di ordini "passivi", mentre nessuna riduzione si applicherà ai contratti derivanti da ordini "aggressivi". Tutte le altre condizioni: assenza degli obblighi di quotazione, modalità di calcolo della market share e livello della market share al 20% sul controvalore totale double counted, rimangono invariate. L'ammissione alla quotazione di Exchange Traded Funds (ETF) è regolata dall'articolo 2.4.1 del Regolamento dei Mercati Organizzati e Gestiti da Borsa Italiana S.p.A. che prevede l'invio della domanda di ammissione da parte dell'emittente a Borsa Italiana corredata della documentazione richiesta nelle Istruzioni.

Entro un termine massimo di due mesi dal giorno in cui l'emittente ha completato la documentazione richiesta, Borsa Italiana delibera e comunica all'emittente l'ammissione o il rigetto della domanda, dandone contestuale comunicazione alla Consob. Il termine di due mesi può essere interrotto da Borsa Italiana qualora emerga la necessità di acquisire nuove informazioni e documenti. L'ammissione si perfeziona allorché Borsa Italiana, accertata la messa a disposizione del pubblico del prospetto informativo, stabilisce la data di inizio delle negoziazioni e il segmento di mercato nel quale verrà negoziato l'ETF.

Storia degli ETF

Dal primo ETF lanciato nel 1993, il settore ha sperimentato una crescita esponenziale. Oggi, più di 2.000 miliardi di dollari statunitensi sono investiti in oltre 4.500 ETF in tutto il mondo. In origine, gli ETF combinavano la conveniente strategia di replica dell'indice di riferimento dei fondi indicizzati azionari con la negoziabilità intraday delle azioni. Poiché il mercato è maturato, gli ETF si sono allargati a coprire l'esposizione a un numero crescente di classi di attivo. Ora, oltre a fornire la replica dell'indice azionario di riferimento, gli ETF offrono anche agli investitori la possibilità di diversificare il proprio portafoglio con esposizione ad attivi a cui in passato era difficile accedere. L'origine degli ETF, chiamati anche "trackers" in gergo anglosassone, risale al gennaio del 1993, quando fu lanciato negli Stati Uniti sull'AMEX (American Stock Exchange) il primo Spider (SPDRs, acronimo di Standard&Poor's Depositary Receipts), che riproduceva l'andamento dell'indice S&P 500.

I trackers sono trattati sull'AMEX e hanno permesso a questo mercato regolamentato di sopravvivere alla concorrenza dei due più sviluppati il NYSE e il NASDAQ.

In seguito al successo riscosso dallo "spider", in particolare presso gli investitori istituzionali, sono successivamente nati i Diamonds e i Cubes (QQQ), che hanno rispettivamente il Dow Jones Industrial e il Nasdaq 100 come sottostante.

In particolare il "Nasdaq 100 Trust", introdotto nel 1999, ha sottratto la leadership agli SPDRs per volumi trattati.

Nel maggio del 2000 Barclays Global Investors lanciò sul mercato dei nuovi prodotti chiamati "iShares MSCI Series", versione aggiornata dei WEBS (World Equity Benchmark Shares), ETF nati nel 1996, tracciatori degli indici Morgan Stanley Capital International.

Verso la fine degli anni 90 lo sviluppo degli ETF diventò inarrestabile e furono introdotti fondi su tutti i maggiori indici azionari statunitensi, in particolare sugli indici settoriali dello S&P 500 (Sector Selector SPDRs).

Gli ETF listati negli Stati Uniti possono avere una delle seguenti cinque strutture:

- Open-End Index Mutual Fund. E' la prima struttura utilizzata dagli emittenti di ETF, quella più classica. Il Trust è un istituto giuridico di origine anglosassone che è in genere composto da tre figure:
  - ➤ Il disponente o settlor, che si "spoglia" della proprietà dei beni dando vita al trust con la sottoscrizione dell'atto costitutivo.
  - ➤ Il fiduciario o trustee, che gestisce e amministra il patrimonio.
  - ➤ Il beneficiario o beneficiary, che è il destinatario del patrimonio.

- Unit Investment Trust. Hanno una minore flessibilità rispetto ai Mutual Fund, ma sono gravati da costi fissi inferiori poiché non prevedono la presenza di un comitato direttivo. Sono dunque fondi più economici e semplici da gestire, ma hanno alcune limitazioni:
  - ➤ Impossibilità d'investire immediatamente i dividendi.
  - ➤ Divieto di usare strumenti derivati e di fare prestito titoli.

  Sono quattro gli ETF di questo tipo, e certamente tra i più storici:
  - ➤ il DIAMONDS, Trust Series 1 (DIA).
  - ➤ il PowerShares QQQ (QQQQ).
  - ➤ lo SPDR Standard & Poors Depositary Receipts (SPY).
  - ➤ lo Standard & Poors MidCap 400 Depositary Receipts (MDY).

- Grantor Trust. Possono essere indicizzati a singole valute o singole materie prime fisiche (lingotti d'oro e d'argento), oppure correlati a panieri fissi di titoli la cui composizione del sottostante non varia nel tempo, quali gli Holding Company Depositary Receipts (HOLDRs).

- Delaware Corporation. Delle forme giuridiche privilegiate costituibili nello Stato del Delaware, sono state per il momento adottate quella della Limited Partnership e dello Statutory Trust. Gli ETF emessi in questa forma legale sono correlati a indici singoli e aggregati di materie prime.

- Massachusetts Trust. Conosciuti anche come MBT (Massachusetts Business Trust) o UBO (Unincorporated Business Organization) sono forme giuridiche societarie costituite nello Stato del Massachusetts, che godono di particolari agevolazioni fiscali. Molti ETF di recente quotazione sono costituiti in questa forma legale.

Si è fatta una sola distinzione per gli HOLDRs, tenuti separati dagli ETF perché sono gli unici Trust a non replicare un indice riconosciuto di mercato, bensì un paniere fisso di titoli scelti a discrezionalità dell'emittente secondo determinati parametri.

La struttura degli ETF ha le proprie radici nel crollo di Borsa del 1987, quando gli investitori istituzionali scoprirono, dalle dinamiche di questo crollo del mercato, che avevano la necessità di scambiare grandi quantità di azioni in modo rapido e preferibilmente su base intraday.

Nel 1990, una società di Los Angeles, la Leland-O'Brien-Rubinstein (LOR) mise in atto l'idea secondo la quale le azioni potevano essere raggruppate in un paniere, il quale poteva essere quotato in Borsa e negoziato come una singola unità. La creazione del fondo avvenne con successo, ma durò solo un paio d'anni a causa della mancanza d'interesse da parte degli investitori, principalmente per via delle alte soglie d'investimento minimo. Tuttavia, l'idea di quotare un fondo in Borsa non morì. In Canada, la società Toronto Index Participation Shares decise nel 1990 di replicare l'indice Toronto Stock Exchange 35, diventando molto popolare. Sulla spinta di questo successo, il concetto di ETF venne ripreso anche negli Usa. Infatti, una volta superati tutti gli ostacoli normativi e regolamentari, nel 1993 nacque quello che viene considerato il primo tra gli ETF moderni: lo SPDRs ETF S&P 500, promosso da State Street Global Advisors, unico nel suo genere perché offriva la stessa performance del benchmark e soprattutto perché aveva commissioni molto basse e quindi era accessibile a tutti.

Per quanto riguarda il mercato europeo degli ETF, i primi strumenti sono stati creati nell'aprile del 2000: le Borse pioniere sono state quella di Francoforte e di Londra, seguite da Zurigo, Stoccolma ed Euronext. Il debutto del primo ETF a Piazza Affari risale al 30 settembre 2002 e da allora abbiamo assistito a uno sviluppo impetuoso con il numero di ETF quotati. Un successo inarrestabile che ha convinto i responsabili di Borsa Italiana a dedicare ai fondi replicatori di indice un apposito mercato, l'ETFPlus. Nel corso del 2007 hanno, infine, fatto il loro debutto anche i primi ETF strutturati e i primi ETC (Exchange Traded Commodities).

Alla fine del 1° semestre 2011, negli Stati Uniti si contavano 1.039 ETF quotati (prevalentemente) nel New York Stock Exchange (NYSE Euronext) e nel NASDAQ e 17 HOLDRs da 29 emittenti, con un patrimonio complessivo di 973,5 miliardi di dollari.

- Si sottolinea che negli Stati Uniti vi sono quotati degli strumenti chiamati ETN, spesso accomunati anche agli ETF, ma che non hanno molto a che fare con le ETN europee, in quanto sono dei certificati (o Certificate).

ETF Tematici

Gli ETF tematici replicano una vasta gamma di indici che danno la possibilità agli investitori di esporsi a uno specifico tema d'investimento, che può essere ambientale, sociale o energetico. Questi benchmark, anche quelli appartenenti allo stesso tema, variano in termini di selezione e peso dei componenti. Sebbene le piccole differenze nella metodologia possano sembrare insignificanti, esse possono certamente giocare un ruolo importante nelle performance nel lungo periodo.

La maggior parte degli ETF tematici seleziona i titoli in base ai ricavi che le società incassano da un insieme definito di attività. Ad esempio, un fondo esposto al settore dell'energia alternativa può selezionare i costituenti in base alla percentuale di entrate derivate dal solare, dall'eolico o dall'idroelettrico. Lo svantaggio di un approccio strettamente basato sui ricavi è che i temi si evolvono e un approccio esclusivamente quantitativo potrebbe non essere solido nel tempo.

In alcuni casi, gli emittenti si affidano a un comitato di esperti che si incontra regolarmente per decidere quali titoli quotati soddisfano il tema desiderato, di solito integrando input quantitativi come le fonti di reddito con una valutazione più qualitativa. Se da un lato l'approccio del comitato consente alla strategia di adattarsi facilmente ai cambiamenti nel panorama degli investimenti, dall'altro potrebbe risultare troppo soggettivo e anche opaco.

Uno dei principali vantaggi dell'utilizzo degli ETF è il basso costo; sebbene gli ETF tematici impongano commissioni inferiori rispetto ai loro concorrenti gestiti attivamente, rimangono tra gli ETF più costosi sul mercato.

Infatti, con delle spese correnti medie dello 0,59%, non solo gli ETF tematici sono molto più costosi dell'ETF azionario medio (0,38%), ma sono anche più costosi degli ETF settoriali (0,35%) e a beta strategico (0,37 %). Le commissioni medie ponderate per ogni gruppo raccontano una storia simile, con gli ETF tematici che riscuotono delle spese correnti dello 0,53% contro lo 0,39% per i replicanti settoriali, lo 0,37% a beta strategico e lo 0,27% per gli ETF azionari.

Se da un lato questi strumenti devono sicuramente fronteggiare dei costi supplementari per la ricerca e l'approvvigionamento di dati rilevanti per un determinato tema, la mancanza di asset e di forze competitive hanno portato con sé un aumento delle commissioni.

L'investimento tematico è adatto agli investitori che:

- Hanno un orizzonte d'investimento a lungo termine e un'elevata propensione al rischio.
- Mirano a conseguire rendimenti superiori a quelli dei mercati azionari sul lungo periodo, accettando anche fasi di sottoperformance dovute alle oscillazioni a breve termine dei mercati.
- Ricercano la diversificazione dei loro portafogli.

I temi derivano da megatrend ampiamente conosciuti, relativi a cambiamenti economici, sociali, tecnologici e demografici, che possono avere una grande influenza sulla vita di tutti i giorni e che sono destinati a diventare più significativi nei prossimi decenni. Elenchiamo, di seguito, a titolo informativo, le caratteristiche di base di alcuni degli ETF tematici disponibili su mercato. Si tratta di ETF tematici che offrono opportunità di investimento nell'ambito delle tendenze globali, quali invecchiamento della popolazione, innovazione sanitaria, robotica e automazione, digitalizzazione, intelligenza artificiale:

- iShares Ageing Population UCITS ETF (AGED): aziende posizionate per beneficiare delle crescenti esigenze di una popolazione globale più vecchia. Il range dei settori va dall'assicurazione sanitaria e farmaceutica ai servizi finanziari, servizi per gli anziani e di consumo. Da considerare che entro il 2030, si prevede che il 13% della popolazione avrà oltre 65 anni, pari a circa 1 miliardo di persone.

- iShares Healthcare Innovation UCITS ETF (HEAL): aziende focalizzate sullo sviluppo di aspetti specifici relativi al settore sanitario, tra cui trattamenti farmacologici, cura del paziente o strumenti diagnostici. Il mercato della sanità avrà un valore di 10,3 trilioni di dollari entro il 2020 rispetto ai 7,2 trilioni di dollari del 2013.

- iShares Automation & Robotics UCITS ETF (RBOT): aziende che stanno innovando tra diverse tecnologie, tra cui la robotica di produzione e la tecnologia indossabile. Fino al 45% delle attuali attività produttive potrebbero essere automatizzate utilizzando le tecnologie esistenti.

- iShares Digitalisation UCITS ETF (DGTL): aziende che si concentrano principalmente sulla sicurezza informatica, i processi di pagamento elettronico e la tecnologia finanziaria. Gli investimenti in tecnologia finanziaria sono cresciuti in modo esponenziale, passando da 1,8 miliardi di dollari nel 2010 a 19 miliardi di dollari nel 2015.

- Amundi Stoxx Global Artificial Intelligence UCITS ETF: creato per aiutare gli investitori a cogliere le opportunità offerte dall'intelligenza artificiale (IA), uno dei possibili megatrend che traineranno la crescita economica futura. Gli effetti derivanti dallo sviluppo delle diverse tecnologie di Intelligenza Artificiale avranno un impatto su tutti i settori e le zone geografiche nel corso dei prossimi anni. Questo ETF innovativo consente di investire oggi in aziende fortemente esposte alle opportunità di crescita potenziali legate all'intelligenza artificiale. Questo ETF ha l'obiettivo di replicare nel modo più accurato possibile, al rialzo come al ribasso, la performance dell'indice di strategia STOXX AI Global Artificial Intelligence ADTV5, con i dividendi netti reinvestiti.

- iShares S&P Global Water: si tratta di un ETF costruito per replicare l'andamento dell'indice S&P Global Water

50. Quest'ultimo misura la performance delle 50 principali azioni più liquide quotate su scala globale di società che operano nel settore idrico, ossia nella distribuzione dell'acqua oppure nella realizzazione di infrastrutture per la sua distribuzione. Lo strumento, quotato in Borsa Italiana, è armonizzato sotto il punto di vista della fiscalità con costi di gestione pari allo 0,65% annuo. I primi 5 titoli che compongono lo strumento sono le americane American Water Works, Xylem, Danhaher e Pentair e la transalpina Veolia. A livello geografico, poco più del 45% del fondo fa riferimento agli Usa, poco più del 16% all'area dell'Europa occidentale (dell'area euro), poco più del 12% al Regno Unito e poco meno del 10% all'area dell'Europa orientale (dell'area non euro).

- World Water, di Lyxor (la casa di ETF della galassia Société Générale): si tratta di un ETF che mira a replicare l'andamento dell'indice SGI World Water Index CW denominato in euro. Il paniere, ponderato per la capitalizzazione di mercato con un limite al 10%, cioè nessuna azione può pesare più del 10% nell'indice, è un indice di riferimento dedicato al settore dell'acqua che riflette le performance delle 20 aziende più grandi operanti nel settore dei servizi idrici, infrastrutture idriche e nel trattamento delle acque. Lo strumento, quotato in Borsa Italiana, è armonizzato sotto il punto di vista della fiscalità con costi di gestione pari allo 0,6% annuo.

- iShares Global Clean Energy: l'ETF ha come sottostante l'indice S&P Global Clean Energy, composto dalle azioni delle 30 maggiori società a livello globale attive nel campo delle energie pulite e rinnovabili. L'ETF è a replica fisica e detiene tutti i titoli che compongono il sottostante. I titoli più "pesanti" all'interno del portafoglio sono: Verbund Ag (peso 5,61%), China Everbright (peso 5,36%), China

Longyuan Power Group (peso 5,25%).Pur essendo a vocazione globale, a causa del settore di nicchia in cui opera, l'ETF iShares implica una notevole esposizione verso i Paesi Emergenti, cosa di cui tenere conto in sede di definizione della strategia complessiva di investimento. Il costo annuo di gestione è dello 0,65%, l'ETF distribuisce dividendi con frequenza annuale e prevede un ribilanciamento del portafoglio due volte l'anno.

ETF con copertura valutaria

Gli emittenti degli ETF hanno pensato bene di creare degli ETF con copertura valutaria meglio conosciuti come ETF hedged.

- Si tratta di ETF che danno la possibilità di investire in attività emesse in valuta estera, minimizzando l'esposizione al rischio cambio.

La logica seguita per limitare il rischio cambio è semplice; l'ETF in questione ha una posizione short sulla valuta estera. Avere una posizione short sulla valuta estera significa guadagnare quando l'euro si rafforza. In questo modo, il guadagno derivante dalla posizione short sul tasso di cambio compensa la perdita registrata dalla quotazione dell'ETF per effetto del rafforzamento dell'euro sulla valuta straniera.

La maggior parte degli ETF con copertura rischio cambio utilizza un contratto derivato di tipo forward sulle valute; il forward è un accordo di scambio (in questo caso) di due valute a un prezzo prestabilito a una data prefissata che solitamente è il mese o il giorno successivo.

In pratica fungono da assicurazione mensile sul rischio cambio e devono essere ri-acquistati dal gestore ogni volta. Questo significa essenzialmente due cose:

- Ogni mese il gestore sostiene un costo (per acquistare i nuovi derivati), che inevitabilmente incide sul rendimento finale (si può arrivare anche al 2% annuo).
- La copertura esatta del rischio cambio avviene alla scadenza del contratto (che viene liquidato). Ciò implica che movimenti molto bruschi, nel breve, potrebbero non essere coperti. Esistono anche fondi con copertura giornaliera, e non mensile, ma inevitabilmente hanno maggiori oneri.

Esistono anche ETF Hedged a copertura parziale, che si limitano a mitigare e non annullare il rischio; la scelta dello strumento è chiaramente a discrezione dell'investitore, che decide quanto e come coprirsi.

- Il contratto forward è pari al valore del patrimonio dell'ETF, pertanto se gli investimenti in valuta estera perdono di valore rispetto all'euro, tali perdite saranno compensate con il profitto ottenuto grazie a questo contratto.
- Allo stesso modo, se la valuta estera si apprezza sull'euro, tali profitti saranno compensati con le perdite registrate del contratto.

In entrambi i casi, avremo, "circa", il rendimento del mercato domestico; scriviamo "circa" perché nessuna copertura è perfetta. Il valore del patrimonio dell'ETF varia seguendo le fluttuazioni del mercato, pertanto si possono verificare incongruenze riguardo alla dimensione della copertura nel momento in cui il contratto forward va a scadenza.

Se la copertura è stata acquistata per coprire titoli per un valore di 10 milioni di euro, che poi sono cresciuto fino a 12 milioni, avremo una copertura inferiore al valore di mercato.

Il potenziale errore di replica (tracking error) è ovviamente maggiore per la copertura che viene ricalcolata mensilmente rispetto a quella che viene ricalcolata quotidianamente, ma va detto che i contratti giornalieri possono presentare anche maggiori costi. I costi della copertura comprendono lo spread denaro-lettera tra le due valute, i costi di negoziazione e al costo di mantenimento. Il costo di mantenimento è positivo se il tasso di interesse dell'euro è maggiore rispetto a quello della valuta estere e sarà negativo in caso contrario.

Gli spread e i tassi d'interesse dei mercati valutari dei paesi emergenti di solito sono più elevati rispetto agli equivalenti dei paesi sviluppati, ciò è il motivo per cui non abbiamo nessun ETF sui mercati emergenti con copertura in euro. Gli ulteriori costi della copertura spesso emergono dal calcolo dell'indice di spesa complessiva medio (TER, Total Expense Ratio).

Molti ETF con copertura valutaria sono dello 0,1% più costosi rispetto agli equivalenti senza copertura, ovvero 10 euro di differenza su un patrimonio di 10.000 euro. A volte la differenza può essere più ampia e occasionalmente ci potrebbero essere casi in cui non vi sia alcun costo extra.

Vediamo, quindi, in dettaglio quali sono gli svantaggi degli ETF con copertura valutaria:

- Tendenzialmente sono più costosi degli ETF senza copertura. I costi di copertura comprendono lo spread denaro-lettera tra le due valute, i costi di negoziazione e il costo di mantenimento. Il costo di mantenimento è positivo se il tasso di interesse dell'euro è maggiore rispetto a quello della valuta estera e sarà negativo in caso contrario.
- Non esistono o sono rarissimi gli ETF sui mercati emergenti con copertura valutaria a causa degli elevati costi. Gli spread e i tassi di interesse dei mercati valutari dei paesi emergenti di solito sono più elevati rispetto agli equivalenti dei paesi sviluppati.
- La copertura non è totale. Se da un mese all'altro il valore del patrimonio dell'ETF cresce, la differenza di valore non è coperta dal rischio cambio.
- La copertura opera solo in specifiche date. La maggior parte degli ETF con copertura cambio prevedono contratti forward con scadenza mensile. Questo significa che la copertura è garantita solo a fine mese. E per il resto del periodi si resta esposti al rischio cambio. Meglio quelli a copertura giornaliera (daily) ma tendenzialmente sono più costosi.

Diversi studi hanno dimostrato che su orizzonti temporali lunghi (10 o più anni), è indifferente utilizzare ETF con copertura valutaria piuttosto che a cambio aperto. Tuttavia, è innegabile che in alcuni periodi investire in ETF con copertura valutaria può essere oggettivamente vantaggioso. Si potrebbe dire che la protezione ha senso principalmente in due situazioni:

- Quando la valuta da coprire è una sola. Se l'ETF investe, ad esempio, solo negli USA (dollari) o solo in Giappone (yen), allora la copertura sarebbe solo nei confronti di una moneta. Se, al contrario, si compra un

ETF World, allora la copertura sarebbe su un gran numero di valute e ciò implicherebbe costi molto più elevati e, per di più, è molto probabile che gli andamenti delle valute siano decorrelati tra loro. In pratica, il rischio, sul lungo termine, si annullerebbe da solo perché, statisticamente, ci sarebbero valute che si apprezzano e altre che si deprezzano.

- Quando la durata dell'investimento è breve e l'ETF investe su più valute. Nel caso di investimenti multi-valuta, per brevi periodi, la copertura è da tenere in conto. La decorrelazione dei movimenti valutari, infatti, è valida sul lungo termine, mentre nel breve la volatilità dei cambi potrebbe essere fatale.

ETF Strutturati

Gli ETF strutturati sono degli OICR cioè dei fondi o delle Sicav negoziabili in tempo reale come delle azioni che non si limitano a replicare il mercato a cui si riferiscono ma permettono agli investitori di accedere a particolari strategie di investimento, come la possibilità di:

- Partecipare in maniera più che proporzionale all'andamento di un indice (ETF a leva Long). Questi ETF amplificano il corrispondente movimento borsistico, ad esempio, se il mercato si muove del + 4%, un ETF a leva 2 guadagnerà circa l'8%, circa il doppio del movimento di mercato; va da sé che se il mercato scende del 3%, l'ETF long a leva 2 perderà circa il doppio del movimento ossia circa il 6%. La presenza della leva può rendere rapidissima la generazione di perdite di portafoglio, non sostenibili per un normale piccolo risparmiatore. Per quest'ultima tipologia di investitore, gli ETF semplici sono di gran lunga preferibili.
- Partecipare inversamente ai movimenti del mercato di riferimento: ETF short con o senza leva. Sono strumenti finanziari che guadagnano se il segmento di borsa corrispondente si muove a ribasso, mentre invece perdono se si muove a rialzo.
- Partecipare alla protezione del valore del portafoglio pur partecipando agli eventuali rialzi dell'indice di riferimento (ETF protective put).
- Realizzare di strategie d'investimento più complesse come ad esempio la strategia cosiddetta buy-write o covered call che prevede l'assunzione di una posizione lunga sul benchmark e la contestuale vendita di un opzione call sull'indice stesso con strike out of the money del 5%.

L'elemento che accomuna gli ETF strutturati agli ETF è la politica d'investimento che si può sinteticamente definire "passiva" in considerazione del fatto che una volta definito il modello matematico in base al quale il patrimonio sarà gestito, la discrezionalità lasciata al gestore è limitata.

Come per gli ETF, le quote possono essere acquistate e riscattate continuamente da parte degli intermediari autorizzati, assicurando che il prezzo di mercato sia sempre allineato al NAV del fondo e garantendo che l'ETF strutturato sia tanto liquido quanto il mercato di riferimento. L'ETF strutturato consente di:

- Massimizzare la performance di ciascuna strategia; gli ETF strutturati permettono all'investitore di coniugare i benefici propri di un investimento in ETF (strategia passiva) e quelli di una gestione dinamica, grazie a una trasparente metodologia di allocazione delle risorse del portafoglio gestito.

- Ridurre il costo del proprio portafoglio: gli ETF strutturati permettono di accedere a delle strategie di investimento più complesse della semplice replica del mercato di riferimento a un costo molto contenuto. Presentano, infatti, una commissione totale annua (TER) ridotta e applicata automaticamente in proporzione al periodo di detenzione, mentre nessuna commissione di "Entrata", di "Uscita" e di "Performance" è a carico dell'investitore. Il risparmiatore deve solo considerare le commissioni applicate dalla propria banca o dal proprio broker per l'acquisto e la vendita sul mercato.

- Beneficiare di proventi periodici: i dividendi o gli interessi che l'ETF strutturato incassa possono essere distribuiti periodicamente agli investitori o capitalizzati stabilmente nel patrimonio dell'ETF strutturato stesso. In entrambi i casi il beneficiario è solo l'investitore.

- Abbattere il rischio emittente: gli ETF strutturati quotati su ETFplus sono, a seconda dello strumento, Fondi Comuni di Investimento oppure Sicav (OICR). Come noto gli OICR hanno un patrimonio separato rispetto a quello delle società che ne curano le attività di costituzione, gestione, amministrazione e marketing. Gli ETF strutturati pertanto non sono esposti al rischio di insolvenza neppure in caso di fallimento delle società appena menzionate.

Gli ETF short e con leva generano il rendimento offerto solo per un periodo definito, ad esempio giornaliero o mensile. Se si trattengono per periodi più lunghi, la capitalizzazione e la volatilità possono distorcere il rendimento atteso, in particolare in un mercato volatile.

Per una migliore spiegazione facciamo il seguente esempio che mostra 100 euro investiti in un ETF short con leva doppia (x2) che replica un indice volatile.

Dopo 5 giorni, l'indice è sceso del 5%, quindi l'investitore potrebbe aspettarsi un rialzo del 10% del valore dell'ETF. Consideriamo tuttavia la performance dell'ETF e dell'indice sottostante per ciascun periodo definito.

In questo esempio utilizziamo un ETF a capitalizzazione giornaliera, pertanto consideriamo il valore dell'ETF e dell'indice al termine di ciascuna giornata.

- Alla fine del primo giorno, il valore dell'indice è diminuito del 2,9%, a 97,10. Per ottenere il valore corrispondente dell'ETF si applica il fattore "short con doppia leva" al movimento giornaliero dell'indice. Nell'esempio, l'ETF short giornaliero con leva doppia aumenterà il suo valore del 5,8% salendo a 105,80: (2 x 2,9% = 5,8%).

Giorno	Valore indice	Variazione giornaliera	Valore ETF Short Leva 2
0	100		100
1	97,10	-2,9%	105,80
2	98,94	1,9%	101,78
3	95,98	-3,0%	107,89
4	98,47	2,6%	102,28
5	95,00	-3,5%	109,48
Performance	-5%		9,48%

- Il secondo giorno, il valore dell'indice aumenta dell'1,9%, passando da 97,10 a 98,94 e il valore dell'ETF perde il 3,8% (2 x 1,9% = 3,8%) passando da 105,80 a 101,78.
- Il fattore short doppia leva si applica ai movimenti dell'indice di ogni giorno e quindi si riapplica ai movimenti del giorno successivo e così via.
- Alla fine del quinto giorno, il valore dell'ETF è cresciuto del 9,48%, anche se l'indice è sceso del 5%. Moltiplicando per -2 la performance a cinque giorni dell'indice non si ottiene una stima del rendimento dell'ETF short con leva doppia. A causa del potenziale di volatilità delle esposizioni, gli ETF short e/o con leva dovrebbero essere monitorati in modo attivo.

ETFplus

ETFplus è il mercato regolamentato telematico di Borsa Italiana interamente dedicato alla negoziazione in tempo reale degli strumenti che replicano l'andamento di indici e di singole materie prime:

- ETF - Exchange Traded Funds.
- ETF strutturati.
- ETF a gestione attiva.
- ETC - Exchange Traded Commodities.
- ETN - Exchange Traded Notes.

ETFplus è, quindi, il mercato dedicato alla negoziazione dei cloni finanziari nato per rispondere alla necessità di dar vita a un ambiente unico in cui negoziare oltre agli ETF anche OICR innovativi, i cosiddetti ETF Strutturati, e altre categorie di strumenti finanziari che, pur non essendo fondi, sono assimilabili agli ETF per finalità di utilizzo e logiche d'investimento. Si tratta in particolare degli ETC, Exchange Traded Commodities, ossia titoli emessi a fronte dell'investimento diretto dell'emittente in materie prime (ad esempio lingotti d'oro) o in contratti derivati sulle materie prime. Il prezzo degli ETC è, pertanto, legato direttamente o indirettamente all'andamento del sottostante, esattamente come il prezzo degli ETF è legato al valore dell'indice a cui fanno riferimento. Infine, è possibile negoziare anche gli ETF a gestione attiva, ETF il cui obiettivo non è la replica di un indice di riferimento ma quello di esporsi a una strategia di riferimento "attiva" sviluppata e operata da un gestore delegato.

Grazie al mercato ETFplus, si è creato il contesto ideale per la negoziazione di ETF, ETF strutturati ed ETC/ETN, con il preciso obiettivo di ampliare le possibilità di investimento dei risparmiatori, offrendo un'ampia gamma di strumenti che si adattano a differenti profili di rischio e che consentono di aumentare il livello di efficienza e di diversificazione del portafoglio di investimento, tutelando gli investitori attraverso l'applicazione di regole chiare che hanno la finalità di garantire elevata liquidità, spread contenuti e massima trasparenza informativa.

Sul mercato ETFplus sono, quindi, negoziati strumenti che, pur condividendo i medesimi meccanismi di funzionamento, presentano caratteristiche e peculiarità proprie. Per questo il mercato ETFPlus è a sua volta caratterizzato da quattro distinti segmenti che presentano le seguenti modalità di negoziazione:

- Segmento ETF - ripartito nelle seguenti classi:
  - ➢ Classe 1: ETF il cui indice di riferimento è di tipo obbligazionario.
  - ➢ Classe 2: ETF il cui indice di riferimento è di tipo azionario.

- Segmento ETF strutturati, ripartito nelle seguenti classi:
  - ➢ Classe 1: ETF strutturati senza effetto leva.
  - ➢ Classe 2: ETF strutturati con effetto leva.

- Segmento ETF a gestione attiva, ripartito nelle seguenti classi:
  - ➢ Classe 1: obbligazionari.
  - ➢ Classe 2: azionari.
  - ➢ Classe 3: strutturati.

- Segmento ETC/ETN, ripartito nelle seguenti classi:
  - ➢ Classe 1: ETC/ETN senza effetto leva.
  - ➢ Classe 2: ETC/ETN con effetto leva massimo pari a 2.
  - ➢ Classe 3: ETC/ETN con effetto leva maggiore di 2.

La liquidità degli strumenti negoziati su ETFplus è assicurata dalla presenza costante su ciascun strumento di:
- Uno specialista, che si assume obblighi sia in termini di quantità minima da esporre in acquisto e in vendita, sia in termini di spread, ovvero di massimo differenziale tra il prezzo cosiddetto denaro (bid) - acquisto - e il prezzo cosiddetto lettera (ask) - vendita - e con l'obbligo di

reintegro delle quotazioni entro 5 minuti in caso di applicazione.

- Diversi market maker non ufficiali, che espongono in conto proprio proposte di negoziazione in acquisto e vendita fornendo ulteriore liquidità agli strumenti.

Le negoziazioni di ETF e di ETF strutturati si svolgono in continua dalle 9.00 alle 17.25.

Il lotto minimo di negoziazione è di una azione/quota e, quindi, anche con importi minimi, è possibile acquistare gli strumenti quotati su ETFplus. La conclusione dei contratti sul mercato ETFplus avviene mediante l'abbinamento automatico delle proposte in acquisto e in vendita ordinate secondo criteri di priorità prezzo/tempo. Durante la negoziazione continua possono essere immesse, tramite il proprio intermediario, proposte con limite di prezzo o senza limite di prezzo e possono essere specificate, tra le altre, le modalità "valida fino a cancellazione" e "valida fino alla data specificata".

Per garantire il regolare svolgimento delle negoziazioni, come per le azioni, sono fissati limiti massimi all'oscillazione dei prezzi. È stabilito un limite massimo di variazione del prezzo delle proposte immesse sul mercato rispetto al prezzo di controllo, un limite massimo di variazione del prezzo dei contratti sempre rispetto al prezzo di controllo e, infine, un limite massimo di variazione dei prezzi tra due contratti consecutivi.

La liquidazione dei contratti viene realizzata presso Monte Titoli (la società di gestione accentrata, liquidazione e regolamento di Borsa Italiana - London Stock Exchange Group) il secondo giorno di mercato aperto successivo all'esecuzione dei contratti, che godono inoltre della garanzia di buon fine fornita dalla controparte centrale (Cassa di Compensazione e Garanzia).

Per garantire il regolare svolgimento delle negoziazioni, come per le azioni, sono fissati limiti massimi all'oscillazione dei prezzi. E', infatti, stabilito:

- Un limite massimo di variazione del prezzo delle proposte immesse sul mercato rispetto al prezzo di controllo, che corrisponde al prezzo di riferimento del giorno precedente:
  - ➢ OICR aperti strutturati, classe 2: +20%
  - ➢ OICR aperti indicizzati, classe 2, OICR strutturati, classe 1: +10%
  - ➢ OICR aperti indicizzati, classe 1: +10%

- Un limite massimo di variazione del prezzo dei contratti, sempre rispetto al prezzo di controllo:
  - ➢ OICR aperti strutturati, classe 2: +10%
  - ➢ OICR aperti indicizzati, classe 2, OICR strutturati, classe 1: +5%
  - ➢ OICR aperti indicizzati, classe 1: +3,5%

- Un limite massimo di variazione dei prezzi tra due contratti consecutivi:
  - ➢ OICR aperti strutturati, classe 2: +5%
  - ➢ OICR aperti indicizzati, classe 2, OICR strutturati, classe 1: +2,5%
  - ➢ OICR aperti indicizzati, classe 1: +2%

Come si vede, tali limiti variano a seconda del segmento e della specifica classe (sono, ad esempio, più ampi per gli ETF strutturati a leva e molto più ristretti per gli ETF su indici obbligazionari). Durante la sospensione temporanea della negoziazione non sono consentite l'immissione, la modifica o la cancellazione delle proposte.

Contrariamente ai fondi tradizionali, gli strumenti quotati su ETFPlus non prevedono nessuna commissione di "entrata", di "uscita" e di "performance". Viene applicata solo una "Commissione di Gestione" annua molto contenuta, pari a una percentuale fissa del patrimonio gestito, generalmente variabile tra lo 0,2% e lo 0,9% a seconda dell'emittente e del sottostante. Per investire in clone finanziario, così come per le azioni, si paga solo la commissione di negoziazione dovuta alla propria Banca/Sim al fine di operare sul mercato di Borsa.

L'economicità di questi strumenti è ricollegabile alla gestione passiva, che evita quindi i costi tipici necessari di una gestione attiva.

- Proprio per il fatto di prevedere commissioni bassissime a causa della gestione passiva e tuttavia rendimenti maggiori, le banche non mostrano entusiasmo nell'offrirli ai clienti, poiché esse vi possono operare solo bassissime commissioni sugli ETF, a volte comprendenti solo la compravendita del titolo.

Più spesso enfatizzano i prodotti molto più dispendiosi per il cliente e quindi più remunerativi per l'azienda. Comunque negli ultimi anni gli ETF stanno diventando un grande punto di forza dei mercati internazionali. Nonostante lo stile di gestione passivo, negli anni passati gli ETF hanno conseguito mediamente risultati migliori dei fondi attivi.

Vediamo ora le diverse tipologie di ordini. Vi sono quattro tipologie principali di ordine:

- Ordine al meglio: gli ordini al meglio sono eseguiti immediatamente ma nessun prezzo è garantito, quindi, possono risentire dello slippage dell'esecuzione.
- Limit order: opera solo a un prezzo determinato o migliore. Se un investitore cerca di concludere a un determinato prezzo, di solito utilizza un limit order di prezzo. Questa tipologia di ordine è revocata dopo un tempo impostato, di solito al termine della giornata, ma può essere definito un periodo più lungo. I limit order di prezzo possono essere modificati o revocati a patto che non siano già stati eseguiti.
- Stop loss: eseguito come ordine al meglio una volta raggiunto il prezzo stabilito. L'obiettivo è proteggere un utile o limitare una perdita.
- Stop limit order: causa un limit order una volta raggiunto il prezzo stabilito, ad esempio, definisce sia un prezzo di uscita che un prezzo limite; l'obiettivo è proteggere un utile o limitare una perdita e la velocità non è una priorità.

Il costo è uno dei fattori più importanti da prendere in considerazione quando si effettua un investimento, anche un investimento in ETF. I componenti più importanti che contribuiscono al costo totale degli ETF si dividono in Costi Interni e Costi Esterni e sono:

- Il Total Expense Ratio (TER) - Costo Interno: il TER è il costo annuale per la gestione del prodotto, espresso in percentuale. I costi inclusi nel TER possono variare a seconda del fornitore, ma di norma inglobano: management expense ratio, costi di amministrazione, commissioni di licenza, costi di stoccaggio (nel caso di ETC fisici).

- I costi di ribilanciamento - Costo Interno: sono i costi sostenuti dagli ETF fisici all'acquisto o alla vendita dei titoli. Quando l'indice sottostante modifica i propri componenti, l'ETF deve operare in modo simile. I costi di transazione dipendono dalla quantità e dalla frequenza di variazione dei componenti dell'indice: maggiori sono il numero e la frequenza, più elevati saranno i costi di ribilanciamento.

- Il differenziale di swap - Costo Interno: è la commissione pagata dal provider dell'ETF sintetico alle controparti di swap per gli accordi di swap. La commissione di swap è argomento di negoziazione tra il provider e la controparte, in considerazione di fattori commerciali quali il costo di copertura dell'esposizione swap della controparte, il costo del collaterale, il rating creditizio e il proprio margine di profitto. Di norma, le esposizioni più illiquide o esotiche hanno differenziali di swap più costosi. A volte, il differenziale di swap è incluso nel TER.

- Il differenziale bid /ask - Costo Esterno: come nelle negoziazioni di qualsiasi attivo in borsa, esiste un differenziale dei prezzi a cui un ETF può essere acquistato o venduto. Bid è il prezzo a cui un acquirente desidera acquistare, Ask è il prezzo a cui un venditore desidera vendere, il Differenziale bid/ask è quindi la differenza tra il prezzo di bid e ask. I prezzi di bid / ask sono quotati dai market maker, i quali garantiscono che esista sempre un prezzo a cui un attivo può essere acquistato e venduto. I market maker sono in concorrenza e cercano di accaparrarsi i clienti offrendo i prezzi più competitivi. Per un ETF, i costi che i market maker considerano sono la commissione di creazione / di riscatto, il differenziale del market maker e il differenziale sottostante. Se uno di questi tre costi sale, il market maker amplierà il differenziale tra bid e ask per cercare di realizzare un utile. Solitamente, più market maker offrono differenziali di bid/ask su un ETF, più stretto sarà il differenziale tra bid / ask. Gli ETF con più market maker scambiano in genere a un prezzo più vicino a quello dell'attivo sottostante che intendono replicare. A sua volta, l'investitore pagherà meno per acquistare il prodotto e riceverà più denaro nel venderlo.

- Le Spese di mediazione - Costo Esterno: è il costo pagato dall'investitore a un intermediario per vendere o acquistare un ETF.
- Le Imposte - Costo Esterno: i diversi ETF sono soggetti a tassazioni differenti, a seconda del prodotto in sé, della giurisdizione in cui è domiciliato e delle circostanze del singolo investitore.

ETF a leva

Gli ETF a leva hanno la caratteristica fondamentale di amplificare il movimento dell'indice sottostante. A differenza degli ETF che replicano l'andamento del sottostante con un rapporto di 1:1, i leverage ETF amplificano lo stesso, sia al rialzo sia al ribasso.

Ogni strumento fa storia a sé, quindi, non è possibile stabilire in via generale di "quanto" il movimento del sottostante sarà amplificato.

Di norma il coefficiente è di due o te volte e questo fa capire subito come gli ETF a leva siano strumenti speculativi, adatti a chi non solo vuole replicare l'andamento di un determinato "sottostante" ma addirittura potenziarne le variazioni.

- I leverage ETF sono strumenti speculativi, adatti a persone che non si curano troppo della sicurezza del capitale.

La caratteristica fondamentale degli ETF è la replica del sottostante; il prezzo stesso degli ETF è sovente una frazione del prezzo del sottostante.

Ad esempio, se l'indice vale 1.000, l'ETF varrà 100 o 10, ma il legame tra i "punti indice" e lo strumento è molto stretto.

- Con gli ETF a leva le cose vanno diversamente, a causa di un "reset" giornaliero.

In pratica si determina la variazione dell'indice in un determinato giorno e la si moltiplica per il coefficiente "leverage". Il giorno dopo di nuovo e così via. Questo modo di procedere, però, altera la replica dell'andamento del sottostante, che con il trascorrere del tempo non è più perfetta.

La tabella sottostante aiuta a comprendere bene quanto indicato:

Indice	Variazione	ETF
1000		100,00
1100	10,00%	120,00
1000	-9,09%	98,18
Variazione cumulata	0,00%	-1,82%

Dopo essere passato da un valore iniziale di 1.000, l'indice clonato è salito fino a 1.100 per poi ritornare al valore di partenza. Fin qui nulla di strano. La colonna a fianco mostra l'andamento del prezzo dell'ETF a leva che amplifica del doppio le variazioni del sottostante.

Infatti, a un rialzo del 10% dell'indice corrisponde un incremento dell'ETF leverage del 20%. Ora vediamo il "trucco". Immaginiamo che l'indice torni al livello di partenza, ossia a 1.000. Ci aspetteremmo che anche l'ETF ritorni al valore iniziale. Invece no.

- L'ETF va "sotto" il prezzo di carico fino a registrare una perdita di quasi il 2%.

Com'è potuto accadere? La risposta va ricercata nel "reset" giornaliero della variazione. In pratica l'ETF prende il "delta" percentuale dell'indice e lo moltiplica per il coefficiente di leva. In questo modo, variazioni del sottostante non si trasmettono in modo lineare sul prezzo dell'ETF. Ma le cose andrebbero ancora peggio se avessi un ETF short. Immaginiamo di avere un ETF che replica le variazioni del sottostante al contrario: guadagna quando l'indice perde e viceversa. Se l'indice passa da 100 a 50 l'ETF salirà del 50% perché "ribalta la performance". Se poi il mercato perde un altro 50% scendendo da 50 a 25, l'ETF guadagnerà il 50% passando da 150 a 225. Come finirà? Che a fronte del ribasso del 75% del mercato, l'ETF avrà guadagnato il 125% e senza leva.

Se invece il mercato dovesse salire del 50% passando da 100 a 150, l'ETF dimezzerebbe il suo valore passando da 100 a 50. Un ulteriore incremento dell'indice del 50% da 150 a 225 dimezzerebbe ulteriormente il valore dell'ETF che passerebbe a

25. Ancora una volta il mercato sarà salito complessivamente del 125% provocando una perdita simmetrica nell'ETF del 75%.

Esempio

Ipotizziamo un ETF a leva 3 che parte da 100 e poi passa a 103 (+3%) e quindi ritorna a 100 (-2,91%).
- Dopo queste due giornate, l'investitore che avesse investito in un ETF puro, non a leva, sarebbe esattamente al punto di partenza.
- Nulla ha guadagnato, nulla ha perso.

Vediamo invece cosa fa il nostro ETF a leva 3.
- Il primo giorno in cui l'indice mette a segno il +3%, il nostro ETF fa +9%. Da 100, il valore passa a 109.
- Il secondo giorno l'indice perde il 2,91%. Il nostro ETF a leva 3, perde l'8,73%.
- Poiché, però, il fattore leva è calcolato ogni giorno, l'8,73% sarà calcolato sul precedente valore, cioè su 109. La perdita sarà quindi 109 x 8,73%= 9,51 punti.
- Il nuovo valore dell'ETF sarà 109-9,51=99,49.
- Come si vede, dove l'ETF puro era sostanzialmente in pareggio, il nostro ETF a leva 3 ha perso lo 0,51%. E questo solo in una oscillazione di due giorni.

Potete divertirvi a ripetere il processo per un numero di volte a piacere e vedrete che il differenziale diventa progressivamente maggiore. Questa non è altro che la "magia" dell'interesse composto, solo che questa volta la magia gioca contro.

Esempio

L'indice sottostante parte da 100 e per tre giorni cresce continuamente del 3%.
- Il primo giorno passa a 103, il secondo a 106,09 (103+3% di 103) e il terzo a 109,27.
- Complessivamente il risultato è del +9,27%.

- In prima battuta ci aspetteremmo dal nostro ETF a leva 3 di avere 9,27% x 3= +27,81%. Invece ci va meglio.
- Amplificando per 3 il risultato dell'indice, nei tre giorni l'ETF salirà del 9% giornaliero.
- Il primo giorno sarà 109, il secondo 118,81 (109 + 9% di 109), il terzo 129,50.
- Risultato complessivo: +29,50%.
- Più del 27,81% che ci aspettavamo.

Semplice, questa volta l'interesse composto ha giocato a nostro favore.

Leva giornaliera e leva mensile

Una delle ultime innovazioni nel mondo degli ETF è senza dubbio la creazione di fondi che incorporano la leva finanziaria. In generale, la leva finanziaria permette di accedere a un certo investimento tramite un impego limitato del proprio capitale mentre la rimanenza tra il capitale impiegato e il valore dell'investimento è "prestata" da un'istituzione finanziaria. Il rapporto tra l'investimento nel suo totale e la parte di capitale dell'investitore rappresenta la leva finanziaria.

- La tipologia dei prodotti più largamente diffusa, già presente da qualche anno anche sui mercati europei, è caratterizzata da una leva finanziaria a reset giornaliero.

Questo implica che, a cadenza quotidiana, l'ETF riporterà la sua leva finanziaria a 2 (o -2) utilizzando per questo calcolo i valori aggiornati del suo indice di riferimento (per es. FTSE MIB).

- L'ETF, quindi, cambia la base su cui la leva viene calcolata e di conseguenza anche i rendimenti ne sono influenzati. L'operazione di reset si rende necessaria poiché, durante la seduta borsistica, la leva generalmente varia al variare dell'andamento dell'indice FTSE MIB.

In particolare, nel caso dell'ETF Long a leva, un calo del FTSE MIB farà aumentare la leva, mentre un aumento dello stesso la farà diminuire.

- La natura del reset giornaliero implica che il rendimento degli ETF Long e Short a leva sarà il doppio del rendimento dell'indice FTSE MIB solo su base giornaliera.

Nel caso in cui l'ETF sarà tenuto in portafoglio e l'investimento non sarà modificato in virtù del reset della leva, il rendimento dell'ETF inizierà a discostarsi dal doppio del rendimento del FTSE MIB. Questo fenomeno è dovuto alla composizione dei rendimenti (compounding). Risulta, quindi, immediato che, per mantenere i rendimenti dell'investimento in ETF a leva giornaliera in linea con quelli del FTSE MIB, occorrerebbe aggiustare a cadenza giornaliera la propria esposizione, acquistando o vendendo le quote necessarie dell'ETF. Tuttavia, è evidente come questa via sia poco praticabile nella realtà; lo spread denaro/lettera e i costi di transazione ridurrebbero se non vanificherebbero gli eventuali guadagni.

- Inoltre, non è possibile sapere a priori di quanto il rendimento dell'ETF si discosterà da quello dell'indice di riferimento poiché lo scostamento è dipendente da diversi fattori quali il periodo di detenzione in portafoglio delle quote dell'ETF, la frequenza di aggiornamento della posizione sull'ETF e l'evoluzione giornaliera del FTSE MIB. In particolare, l'ultima condizione è chiaramente difficilmente prevedibile, poiché significherebbe conoscere, al momento dell'investimento, la dinamica futura dell'indice FTSE MIB stesso.

Tutte queste criticità hanno fatto sì che, negli anni in cui gli ETF a leva giornaliera sono stati proposti sul mercato, molti investitori abbiano utilizzato in modo improprio gli stessi, raccogliendo rendimenti a volte anche fortemente contrari alle aspettative. Soprattutto negli USA, dove gli ETF a leva hanno una storia più lunga rispetto all'Europa, gli ETF a leva giornaliera sono stati oggetto di numerose critiche. Tuttavia, negli USA, la scarsa praticità degli ETF a leva con reset giornaliero è risultata presto chiara e la soluzione è stata individuata nei fondi a leva con reset mensile. L'effetto della composizione dei rendimenti è particolarmente evidente in caso di mercato volatile. In un periodo superiore a un giorno, l'ETF a leva giornaliera, tenuto conto dei costi, potrebbe restituire meno di due volte la performance dell'indice di riferimento ("sottoperformance"). Nello stesso periodo non vi è, invece, capitalizzazione per l'ETF a leva mensile; sugli ETF a leva mensile, infatti, la capitalizzazione interviene solo se si confrontano le performance su orizzonti superiori a un mese. Il fatto che gli ETF a leva mensile vengano ribilanciati con minore frequenza consente di ottenere una performance più regolare su un periodo di tempo maggiore.

- Gli ETF a leva mensile non comportano quindi la necessità di correggere quotidianamente la propria posizione per mantenere un'esposizione costante, come accadrebbe invece sugli ETF a leva giornaliera.

Benché sia vivamente consigliato monitorare attivamente il proprio investimento, la frequenza di correzione richiesta per mantenere un'esposizione costante può limitarsi ai giorni di reset. Inoltre, poiché il rendimento degli ETF a leva mensile è calibrato sul mese, questo non sarà dipendente dalla composizione dei diversi rendimenti giornalieri durante il mese, ma solo dalla performance mensile complessiva.

- A livello concettuale, il meccanismo di reset della leva funziona in maniera analoga agli attuali ETF, ma avviene a cadenza mensile.

Quindi, mentre in un mese l'ETF a leva mensile sull'indice FTSE MIB presenterà una sola data di reset, quello a leva giornaliera ne avrà circa 22 (considerando una media di 22 giorni lavorati in un mese). Gli ETF a leva mensile si pongono come obiettivo quello di fornire un'esposizione a leva 2 per la versione Long e -2 per quella Short, rilassando il vincolo sui frequenti reset della leva.

- Gli ETF a leva mensile permettono, quindi, di gestire l'investimento in maniera più confortevole senza richiedere aggiustamenti continui, dispendiosi in termini di tempo e costi di transazione.

ETF Short

Con il termine ETF Short, strumento particolare appartenente alla famiglia degli Exchange Traded Funds, si fa riferimento a quella particolare categoria di attività che offrono la possibilità di assumere una posizione corta, nei termini di vendita allo scoperto. In tal senso, la replica del benchmark di riferimento avviene esattamente all'inverso rispetto al suo reale andamento, permettendo all'investitore di scommettere contro l'attività in essere (e di ottenere profitti anche in circostante di mercato ribassista). In sintesi, quando il sottostante scende, l'ETF cresce nella stessa proporzione, permettendo all'investitore di trarre un profitto dai ribassi.

Alcuni di questi strumenti sono ETF a leva, ossia amplificano di "enne" volte l'andamento del sottostante; ad esempio, un ETF Short a leva 7 significa che amplificherà di 7 volte la variazione del sottostante, cambiata di segno. Un rialzo dell'1% provocherà una caduta del 7% nel valore dell'ETF, mentre un ribasso dell'indice del 10% genererà un guadagno del 70% nel valore dell'ETF.

Per scommettere sull'inversione del benchmark, gli ETF Short si basano sulla combinazione di un insieme di strumenti, tra i quali:

- Vendita di azioni e di titoli allo scoperto.
- Posizionamenti a ribasso sui derivati (futures e put options), solitamente legati a visioni ottimistiche (strategia Protective Put) sull'attività detenuta, dalla cui discesa ci si preserva ponendo un tetto limite di vendita.
- Vendita allo scoperto di opzioni call, che spesso assume i contorni della strategia Buy Write, dove, alla vendita della call, segue l'acquisto di una posizione rialzista sull'indice.

Tali strumenti, combinati attivamente da un gestore (che può scegliere di applicare anche strategie d'investimento a leva), presentano costi più elevati rispetto alla passività degli

Exchange Traded Funds tradizionali. E' interessante capire, allora, quali occasioni d'investimento offra la categoria degli ETF short.

- Innanzi tutto, i fondi Exchange Short consentono di posizionarsi allo scoperto su un benchmark di riferimento, che spesso risulta poco liquido anche sul mercato principale.

- In secondo luogo, il posizionamento tramite ETF permette di limitare le perdite potenziali sulle quote stesse del fondo, rispetto ad altri strumenti derivati che, con opzioni scoperte, corrono il rischio di perdite fino a un valore superiore a quello dell'investimento iniziale (e valore teorico illimitato sia in positivo che in negativo).

- Infine, gli investimenti in strumenti derivati espongono l'investitore all'inconveniente della scadenza (come, ad esempio, la forte incidenza del Time Decay sul valore delle opzioni), cosa che non accade nel caso di strumenti ETF short, che permettono di assecondare una percezione di sentiment negativo di lungo periodo tramite investimento in prodotti complessi senza il vincolo della scadenza (quale può essere il ribasso di un indice borsistico).

Da tener presente che la fiscalità applicata attualmente può incidere in maniera non indifferente. Supponiamo, infatti, il caso di un investitore che voglia coprirsi da un ribasso delle quotazioni di un certo indice. Invece di vendere l'ETF sottostante, l'investitore decide di comprare un prodotto short. Al di là della possibile distorsione da tasso di cambio, immaginiamo che le cose vadano in questo modo:

Valore ETF Long	Valore ETF Short
100	100
80	120

In teoria, la copertura ha funzionato correttamente.

Il nostro investitore ha subito una perdita di 20 euro sulla posizione "standard", che chiameremo long mentre ha guadagnato 20 euro sulla posizione short perché per definizione questa è l'immagine speculare della prima.

Il suo portafoglio vale 100 euro, esattamente come prima del ribasso, perché al valore attuale di 80 euro bisogna aggiungere i 20 euro di guadagno sulla posizione short.

Tuttavia, poiché sui 20 euro guadagnati sulla posizione short occorre pagare il 26% di imposta, a fronte di una riduzione di 20 euro della posizione long, quella short ci coprirà solo per 14,80 euro.

Usare gli ETF Short come copertura dai ribassi semplicemente non ha senso. E' molto meglio liquidare le posizioni "long" per poi rientrare in un secondo momento.

Una strategia alternativa potrebbe essere quella di vendere l'ETF long e comprare un prodotto short quando ci si attende un ribasso, in modo da guadagnare nelle fasi negative, per poi liquidarlo e ricomprare il prodotto long nelle fasi rialziste successive.

Questa strategia, più adatta al trading che non all'investimento, presuppone che un soggetto sia sempre investito in un certo mercato:

- Con un ETF long durante le fasi rialziste.
- Con un ETF short durante le fasi ribassiste.

Oltre a comportare una eccessiva movimentazione del portafoglio e il proliferare di costi e tasse, questa strategia perde utilità nelle fasi di mercato in cui non c'è una tendenza precisa.

Nelle fasi senza trend si passerà, ifatti, continuamente da una posizione rialzista a una ribassista, finendo con il danneggiare la performance globale di portafoglio.

Modalità di replica degli ETF

Gli Exchange Traded Funds sono fondi, negoziati in tempo reale, il cui obiettivo d'investimento è replicare un indice benchmark. Comprando un ETF, un investitore acquista quindi uno strumento di replica passiva del benchmark di riferimento. Obiettivo del gestore di un ETF è, pertanto, far sì che le performance total return del fondo siano il più possibile allineate a quelle, sempre total return, del benchmark di riferimento o, detto in altri termini, minimizzarne il differenziale di rendimento (Tracking Error).

Considerando che un indice è una rappresentazione astratta del mercato di riferimento che il gestore non può comprare direttamente, e che quest'ultimo deve effettuare i propri investimenti nel rispetto della normativa europea dei fondi d'investimento (si pensi ai requisiti minimi di diversificazione che, invece, non incidono sulla costruzione degli indici) sostenendo dei costi, si può comprendere come replicare un indice sia tutt'altro che un'attività semplice. Risulta, quindi, utile analizzare quali siano le principali tecniche e modalità di replica utilizzate, i loro vantaggi, i loro costi nonché i rischi a esse riconducibili. La metodologia più blindata, cioè che tende a eliminare ogni possibile rischio di controparte per l'investitore, comporta che il gestore dell'ETF acquisti fisicamente i titoli che compongono l'indice che intende replicare, e in tal caso si parla di replica fisica. La replica fisica a sua volta può essere di due tipi:

- Replica fisica completa (full replication).
- Replica fisica a campionamento (sampling).

Replica fisica completa

Questa modalità si esplicita nell'acquisto, o nell'ottenimento diretto dei titoli da parte del partecipante autorizzato nel caso di ETF con sottoscrizione in kind, di tutti i titoli inclusi nell'indice benchmark in proporzione pari ai pesi che essi hanno nell'indice cosicché la performance del fondo sia sempre allineata a quella del benchmark. In questo modo il gestore dell'ETF, una volta costituito il portafoglio iniziale, dovrà solamente compiere operazioni che consentono di mantenere invariati tali pesi in occasione dei ribilanciamenti dell'indice.

- Questo tipo di replica è adatta a indici non eccessivamente numerosi, ad esempio Dax, Eurostoxx50 o Ftse-Mib, poiché i ribilanciamenti legati alla modifica dell'indice comportano costi che possono intaccare il rendimento del fondo.

Infatti, la replica fisica completa richiede che il gestore effettui ribilanciamenti periodici dovuti all'uscita dall'indice di titoli che non abbiano più i requisiti di permanenza, all'entrata di nuovi, nonché al pagamento di dividendi o altri proventi e al loro eventuale reinvestimento. Questa movimentazione del portafoglio può generare dei costi di transazione, sia in termini di spread che di commissioni di negoziazione, che impattano sulla performance dell'ETF rispetto all'indice. Anche la gestione dei dividendi nella replica fisica può essere fonte di tracking error, nel caso il benchmark consideri l'immediato reinvestimento mentre nella realtà il processo di investimento dei proventi risulta più lungo. In caso di replica fisica completa, i titoli acquistati dal gestore sono detenuti presso una banca depositaria e sono di proprietà dell'ETF; il possessore dell'ETF non è, quindi, esposto a nessun rischio controparte.

Replica fisica a campionamento

La replica fisica a campionamento, in gergo tecnico "sampling", consiste nell'acquisto, o nell'ottenimento diretto dei titoli da parte del partecipante autorizzato nel caso di ETF con sottoscrizione in kind, di un campione di titoli scelto in modo da creare un portafoglio sufficientemente simile a quello del benchmark ma con un numero di componenti inferiore che ottimizza perciò i costi di transazione. Questa tecnica di replica si basa sul presupposto che, se è possibile individuare le principali determinanti che spiegano il rendimento del benchmark, come il settore e la dimensione, allora replicando nel fondo quelle stesse determinanti si dovrebbero ottenere rendimenti in linea con quelli del benchmark.

Ad esempio, nel caso di benchmark azionari una di queste determinanti può essere il settore industriale, operativamente viene individuato il peso di ogni settore nel benchmark e si selezionano i titoli in modo che sia rispettata la composizione settoriale dello stesso. Per migliorare il campionamento in genere viene utilizzato più di un criterio. Ad esempio, viene considerata, oltre al settore, la capitalizzazione di borsa così da costituire un fondo che abbia un numero limitato di titoli rispetto al benchmark ma che ne rispecchi la composizione per settori e per classi dimensionali. Tecniche più sofisticate di sampling si basano su modelli multifattoriali. Assunto base di questa metodologia è che i fattori individuati siano quelli davvero in grado di rappresentare il benchmark.

Qualora non lo fossero si registrerebbe una sensibile differenza di performance e quindi un maggiore tracking error. A favore di questa metodologia si evidenzia la riduzione dei costi di transazione rispetto la replica completa grazie alla riduzione del numero dei titoli inclusi.

Come nel caso della replica fisica completa, i titoli acquistati dal gestore che adotta una strategia di "sampling" sono di proprietà dell'ETF (depositati presso un custodian) e il possessore non sopporta nessun rischio controparte. E' pratica diffusa per gli ETF che adottano queste modalità di replica effettuare operazioni di prestito titoli, che se da un lato consentono al fondo di ottenere ricavi aggiuntivi (che riducono il tracking error) dall'altro possono far emergere profili di rischio controparte.

La tecnica del campionamento si può realizzare in diversi modi, ad esempio:

- Si acquistano solo i titoli del Benchmark più liquidi e più scambiati, escludendo quelli illiquidi.
- Si utilizza l'ottimizzazione, ossia la scelta dei titoli facenti parte dell'indice e/o paniere che si vuole replicare viene demandata a modelli quantitativo - matematici secondo determinati parametri.

I principali vantaggi per l'investitore/acquirente dell'ETF sono:

- Trasparenza totale degli strumenti sottostanti.
- Riduzione dei costi amministrativi e di negoziazione, in quanto l'ETF detiene solo un "campione" del totale degli strumenti finanziari che compongono il Benchmark che si intende replicare.
- Nessun rischio di controparte.

Tra gli svantaggi della tecnica del campionamento si rileva un Tracking Error leggermente più alto, considerato che l'ETF non detiene tutti i titoli del suo Benchmark.

ETF Swap

A differenza di un ETF classico, i replicanti sintetici non acquistano direttamente i titoli che costituiscono l'indice sottostante, ma possiedono un paniere di titoli, detto "paniere collaterale", i quali sono di norma slegati dall'indice che replicano e a cui gli investitori potrebbero ricorrere in caso di fallimento dell'emittente. Gli emittenti di ETF sintetici, normalmente, accendono un contratto swap in cui forniscono la performance del paniere collaterale contro la performance dell'indice da replicare. La controparte swap è di norma una banca d'affari. Questo tipo di struttura, nata in Usa, è ormai ampiamente utilizzata anche in Europa, in quanto riduce fortemente il tracking error e garantisce anche costi più bassi. Infatti, a oggi gli ETF sintetici sono in numero superiore agli Exchange Traded Funds che utilizzano la replica fisica, anche se questi ultimi gestiscono un patrimonio superiore, almeno in Europa. Diverse sono le ragioni che possono portare un emittente di ETF a scegliere una struttura swap:

- Precisione: poiché il rendimento di un ETF sintetico è garantito da una controparte, può corrispondere esattamente al rendimento dell'attivo sottostante.
- Convenienza: un ETF sintetico ha costi di transazione contenuti relativi all'acquisto e alla vendita degli attivi sottostanti.
- Materie prime: si può accedere alle materie prime diverse dai metalli solo mediante replica sintetica a causa delle difficoltà associate alla loro conservazione.
- Varietà: le strutture degli ETF sintetici possono offrire prodotti che non potrebbero essere offerti fisicamente, compresi prodotti con esposizione corta e con leva, indici di volatilità e titoli dei mercati emergenti.

Nonostante gli ETF sintetici presentino numerosi vantaggi, i rischi a essi legati non devono essere sottovalutati. Nel contesto della replica sintetica, il "rischio di controparte" indica la possibilità che l'emittente dello swap non onori i suoi obblighi. In base alla normativa questo rischio è limitato al 10%, il che significa che l'emittente dell'ETF o la controparte swap devono fornire un ammontare collaterale pari ad almeno il 90% del Net asset value (Nav) dell'ETF. Il paniere di titoli collaterali è rivalutato ai prezzi di mercato su base giornaliera al fine di assicurare che il suo valore non scenda al di sotto della soglia legale. In pratica, ogni emittente di ETF mantiene una soglia minima di sicurezza, che varia da provider a provider, ma che deve essere come minimo pari al 90% del valore netto del replicante. Tutti gli emittenti hanno un valore minimo di copertura prestabilito. Ogni volta che il paniere collaterale scende al di sotto di esso, il provider annulla il contratto swap e chiede alla controparte di fornire maggiore copertura (attraverso liquidità o altri titoli). Azzerando gli swap l'esposizione al rischio di controparte si elimina e il valore del paniere collaterale torna a essere pari al 100% del Nav.

È opportuno notare come i limiti minimi prestabiliti cambiano a seconda delle varie asset class. Ad esempio, i fondi a reddito fisso presentano soglie più basse dei fondi azionari, poiché sono meno volatili. Ovviamente, più è alta la soglia minima (per legge ricordiamo che è il 90%) più l'investimento è protetto in caso di default della controparte.

Il livello di "collaterizzazione", o di copertura, non è l'unico parametro che dovrebbe essere preso in considerazione. Entrano in gioco vari aspetti, tra cui la qualità del paniere collaterale e la frequenza con cui un emittente annulla i vari swap. Il paniere entrerà in gioco solo se la controparte fallisce. In questa ipotesi, l'emittente dell'ETF dovrà velocemente liquidare i titoli del paniere collaterale, che dovrebbero essere scorrelati dall'indice replicato. Ecco perché, di norma, i panieri sono composti da titoli molto liquidi, come le blue chip, e preferibilmente scambiabili allo stesso fuso orario del mercato in cui è quotato l'ETF. Gli emittenti di TFf sintetici hanno definito diversi criteri per stabilire che tipologia di titoli accettare nei panieri collaterali; alcuni, infatti, sono più conservativi di altri. Infatti, alcuni detengono solo titoli azionari europei, mentre altri accettano anche azioni giapponesi.

Il principale problema dei titoli asiatici è che potrebbero essere non scambiabili in tempo, a causa del diverso fuso orario con l'Europa. Quasi tutti gli emittenti europei forniscono lo snapshot, cioè la scheda sintetica, del paniere collaterale periodicamente, salvo rare eccezioni che forniscono la scheda del paniere indicando solo le restrizioni a esso che le controparti accettano. Come risultato, gli investitori non conosco il numero di controparti coinvolte (se due o quattro). Un altro fattore a cui conviene prestare attenzione è la frequenza dei vari reset dei contratti swap. Lo swap viene annullato in tre casi:

- Quando si raggiunge la soglia minima di copertura.
- Ogni volta che avviene un riscatto o una sottoscrizione.
- Periodicamente.

Resettare lo swap significa annullare il rischio controparte, quindi, più è frequente più è alta la protezione per gli investitori, anche se questo fa aumentare i costi. Le modalità di replica utilizzate sono:

- Replica sintetica Unfunded (unfunded swap-based).
- Replica sintetica Funded (funded swap-based).

Replica sintetica Unfunded

Gli ETF sintetici unfunded replicano l'andamento del benchmark attraverso una strategia di investimento che prevede l'utilizzo del denaro derivante dalle sottoscrizioni per l'acquisto di un paniere di titoli, noto come substitute basket. Il paniere può essere acquistato da parte del fondo, dalla controparte swap o direttamente sul mercato, e l'ingresso in un contratto di swap con una controparte selezionata, in genere bancaria, che riconosce all'ETF le performance total return (generalmente con il reinvestimento delle cedole al netto dell'imposizione fiscale applicabile) dell'indice benchmark (meno il costo dello swap se previsto) in contropartita del rendimento del paniere sostitutivo.

- Nell'ETF swap-based unfunded il rendimento del "paniere sostitutivo" non influisce sulle performance dell'ETF perché tale rendimento viene scambiato nel contratto di swap con la perfomance del benchmark.

Il paniere sostitutivo può essere composto da titoli diversi da quelli dell'indice di riferimento (anche se è prassi che vengano preferiti titoli aventi un'elevata correlazione con l'indice) purché sia conforme ai requisiti di diversificazione, tipologia e liquidità imposti dalla direttiva UCITS. I titoli del substitute basket sono di proprietà dell'ETF e sono detenuti presso la banca depositaria a totale disposizione del gestore. Si tratta di una modalità di replica diffusa quando l'indice benchmark abbia un numero elevato di componenti o siano riferiti a mercati poco liquidi e mira a ridurre il tracking error; infatti, rispetto alla replica fisica, il gestore è dispensato dalle attività di ribilanciamento, riducendo così i costi di transazione.

Gli ETF swap-based espongono, però, gli investitori a una fonte di rischio: il rischio controparte, misurato come differenza tra il valore del NAV dell'ETF e il valore del substitute basket. Nell'ipotesi di fallimento della controparte, lo swap non sarebbe onorato e l'investitore potrebbe incorrere in una perdita pari a tale entità.

ETF	Performance del substitute basket	Contoparte swap
acquista il substitute basket	Performance del benchmark di riferimento dell'ETF	

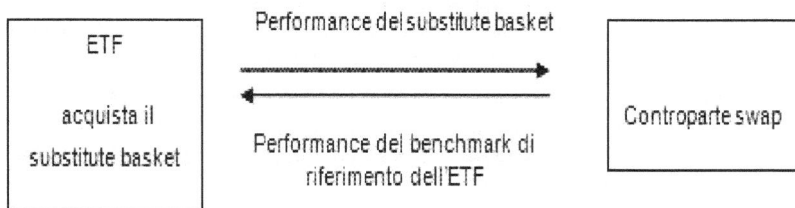

- A tutela dell'investitore la normativa UCITS pone comunque un limite all'investimento in strumenti derivati (quindi anche in swap) da parte dei fondi: non più del 10% del NAV per singola controparte (nel caso si tratti di una banca). Questo implica che il valore di ciascuno swap è limitato a un massimo del 10% del NAV del fondo per controparte.

Lo swap viene valorizzato giornalmente (in gergo si effettua il mark to market) e viene azzerato (o ridotto) ogni qualvolta raggiunga il limite previsto dalla normativa.

Gli emittenti di ETF adottano diverse policy per quanto riguarda la periodicità del reset dello swap (chiusura e riapertura) che incide sull'entità del rischio controparte:

- Giornaliera (limitando il rischio controparte al differenziale di performance tra il substitute basket e l'indice di riferimento nella seduta).
- In ogni occasione vi sia una nuova richiesta di sottoscrizione o rimborso.
- Ogni qual volta venga raggiunto il più stringente limite (rispetto a quello disposto dalla normativa) previsto dalle regole auto stabilite dal fondo stesso.

Infine è utile segnalare che alcuni emittenti adottano questa strategia di replica stipulando contratti swap con più di una controparte.

Replica sintetica Funded

Questa metodologia prevede da parte dell'ETF la stipula di un contratto swap con una controparte selezionata (in genere aste competitive sono condotte dal gestore), in base al quale il fondo trasferisce a essa il denaro derivante dalle sottoscrizioni vedendosi riconoscere in contropartita la performance total return (generalmente con il reinvestimento delle cedole al netto dell'imposizione fiscale applicabile) del benchmark (meno il costo dello swap se previsto).

- A differenza della replica sintetica unfunded, in questo caso il denaro proveniente dalle sottoscrizioni non è utilizzato per l'acquisto del paniere sostitutivo bensì viene trasferito interamente alla controparte swap, cosicché il patrimonio dell'ETF risulti investito per il 100% nel contratto stesso.

Il rischio controparte viene contestualmente mitigato tramite l'apporto da parte della controparte swap di titoli a garanzia delle obbligazioni assunte presso una banca depositaria in un conto aperto in nome della controparte sul quale è posto un pegno in favore del fondo.
La composizione del collaterale deve rispondere ai criteri indicati al punto 26 delle linee guida del CESR sulla misurazione dei rischi, e alle eventuali normative del paese di domiciliazione, e il livello di col lateralizzazione deve essere tale da rispettare l'esposizione massima del 10% verso una singola controparte. E' prassi che gli emittenti prevedano una sovraccollateralizzazione, un valore dei titoli posti a garanzia superiore al 100% del NAV, e un monitoraggio su base giornaliera cosicché ogniqualvolta l'esposizione diventa positiva viene richiesto alla controparte di reintegrare il collaterale (azzurrando l'esposizione. Sempre in base alle sopracitate linee guida devono essere previste appropriate riduzioni per il calcolo del valore del collaterale soprattutto per i titoli volatili. In caso di fallimento della controparte swap il

gestore ha diritto di rivalersi sul collaterale, portandolo immediatamente nelle sue disponibilità per poi procedere alla sua liquidazione. Le modalità e i tempi di tale esercizio, generalmente, non garantiscono a priori che il denaro così ottenuto sia sufficiente per coprire il 100% del valore del Nav dell'ETF. Come per la strategia unfunded la replica risulta adatta quando l'indice benchmark prevede un numero elevato di componenti o sia riferito a mercati poco liquidi consentendo, generalmente, di minimizzare il tracking error (in questo caso l'ETF non deve gestire i titoli del substitute basket). Operazioni di prestito titoli sono generalmente poco frequenti per gli ETF che adottano una replica di tipo sintetica; tali operazioni sono limitate agli ETF swap based di tipo unfunded dove l'attività può avere a oggetto i titoli facenti parte del paniere sostitutivo, caso in cui può emergere un rischio controparte.

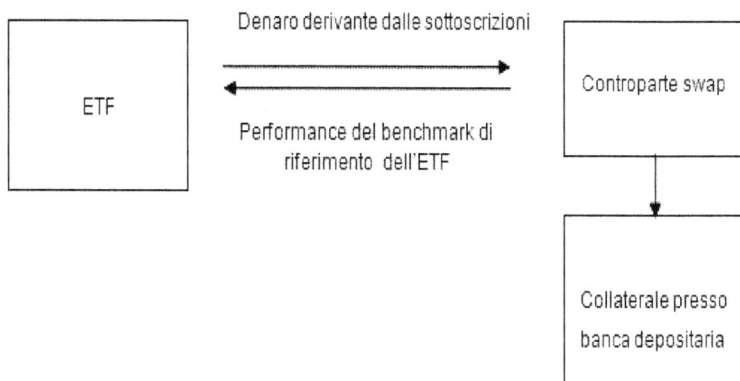

Gli ETF Funded offrono garanzie maggiori di quelli unfunded, perché è prassi che il controvalore del portafoglio a garanzia (detto collaterale) superi il controvalore patrimoniale dello stesso ETF. Questo fenomeno è detto sovracollateralizzazione.
Riassumendo quindi possiamo affermare che negli ETF a replica sintetica i vantaggi principali per l'investitore sono rappresentati:

- Dalla replica precisa del benchmark.
- Da un Tracking Error contenuto in quanto i costi di negoziazione e quindi di gestione sono piuttosto bassi.

- Dall'accesso a mercati e/o strumenti finanziari nei quali è difficile, impossibile o troppo costoso procedere con una replica fisica, cioè acquistare gli strumenti finanziari.

Il principali svantaggi per l'investitore sono, invece, costituiti:
- Da una minore trasparenza in quanto non si conoscono le controparti dello Swap e la composizione del paniere collaterale, se esiste. Passi importanti in questo senso si hanno con lo snapshot (scheda sintetica) del paniere collaterale che adottano i principali emittenti europei.
- Dal rischio di controparte, cioè dalla possibilità che la controparte dello Swap non onori i propri impegni.

Questa tipologia di rischio:
- E' mitigata dalla previsione della Direttiva UCITS III che prevede un rischio massimo del 10% per controparte.
- Si può ridurre ricorrendo alla stipula di più contratti di Swap con soggetti diversi.
- Si può ridurre quando l'emittente pone un collaterale (basket di titoli, di cui si dovrebbe giudicare la qualità, la liquidità, il mercato di negoziazione) a garanzia dello swap.

Esempio

Ipotizziamo un livello dell'indice di 100, un investimento iniziale di 100 e lo scarto di garanzia applicato del 10%. La controparte deve, quindi, generare 111 di collaterale:

$$100 / 90\% = 111$$

Il giorno successivo, l'indice aumenta di 5 volte.
Per mantenere collaterale sufficiente dopo lo scarto di garanzia, la controparte deve depositare più collaterale.
Il deposito di collaterale deve essere sufficiente a portare il valore fino a 117:

$$105 / 90\% = 117$$

Funded Swap	Giorno 1	giorno 2
Valore indice	100	105
valore swap	100	105
Valore collaterale	111	117

Approfondiamo in breve il concetto di Swap.

Gli Swap

La traduzione letterale di swap, cioè scambio, identifica la sostanza del contratto: due parti si accordano per scambiare tra di loro flussi di pagamenti (anche detti flussi di cassa) a date certe. I pagamenti possono essere espressi nella stessa valuta o in valute differenti e il loro ammontare è determinato in relazione a un sottostante.

- Gli swap sono contratti OTC (over-the-counter) e, quindi, non negoziati su mercati regolamentati.

Il sottostante può essere di vario tipo e influenza notevolmente le caratteristiche del contratto che può assumere, nella prassi, svariate forme. I contratti swap sono generalmente costituiti in modo tale che, al momento della stipula, le prestazioni previste sono equivalenti. In altri termini, è reso nullo il valore iniziale del contratto, così da non generare alcun flusso di cassa iniziale per compensare la parte gravata dalla prestazione di maggior valore. Se al momento della stipula le due prestazioni sono equivalenti, non è detto che lo rimangano per tutta la vita del contratto. Anzi, è proprio la variazione del valore delle prestazioni che genera il profilo di rischio/rendimento: la parte che è tenuta a una prestazione il cui valore si è deprezzato rispetto al valore iniziale (e, quindi, rispetto alla controprestazione) maturerà un guadagno e viceversa. La caratteristica essenziale delle operazioni di swap, cioè quella di scambiare dei flussi di cassa, connessi a un'attività sottostante, con altri flussi di cassa di diverso tipo, determina la creazione di nuove opportunità finanziarie altrimenti non conseguibili. Queste opportunità possono essere sfruttate in funzione di molteplici esigenze, che possono essere di copertura, di speculazione o di arbitraggio, a seconda delle finalità che l'operatore si pone.

- Gli swap costituiscono una delle più recenti innovazioni dei mercati finanziari nell'ambito degli strumenti derivati. I primi contratti swap risalgono agli inizi degli anni ottanta e, da allora, il mercato è cresciuto molto rapidamente, tanto che oggigiorno vengono annualmente negoziati contratti per centinaia di miliardi di dollari in tutto il mondo.

Uno swap implica, quindi, un accordo privato tra due parti che si scambiano flussi di cassa a date certe, secondo una formulazione predefinita tra di esse. I flussi di cassa possono essere espressi nella stessa valuta oppure in valute differenti. La determinazione della quantità di flussi da scambiarsi richiede una variabile sottostante. Spesso questa è un tasso di interesse, come il Libor, ma molto ampio è il campo delle variabili usate. Il Libor (London Interbank Offer Rate) è il tasso d'interesse offerto dalle banche su depositi di altre banche, nei mercati delle Eurovalute. Il Libor a 3 mesi è il tasso offerto su depositi a 3 mesi, il Libor a 6 mesi è il tasso offerto sui depositi a 6 mesi, e così via. I tassi Libor sono determinati dalle negoziazioni tra banche e cambiano al variare delle condizioni economiche. Molteplici sono le possibilità di adoperare gli swap per gestire i flussi di cassa e svariati sono gli obiettivi inseguiti dagli utilizzatori di tale strumento. Generalmente, gli swap sono usati per ricoprire o modificare posizioni di rischio e per adeguare un determinato flusso a una desiderata struttura. Essi vengono anche utilizzati al fine di «cogliere valore» nel mercato. Per esempio, grazie ad uno swap, è possibile ridurre l'effettivo costo di un finanziamento o aumentare il rendimento realizzato su di un investimento.

Questo «cogliere valore» del mercato è ottenibile sia arbitraggiando differenti segmenti del mercato sia avvantaggiandosi da anomalie del mercato stesso.

- Inoltre, gli swap consentono di accedere indirettamente a mercati non facilmente o non efficientemente accessibili. Per esempio, una società americana non conosciuta in Giappone potrebbe indebitarsi in Yen ricorrendo a un currency swap che le consenta di trasformare il suo debito in dollari in un debito in Yen. Un altro esempio è rappresentato da una società con basso rating di credito che si vede preclusa la possibilità di accedere all'indebitamento a lungo termine.

Mediante un interest rate swap, la società può trasformare il suo debito a tasso variabile o breve termine in un debito a tasso fisso e medio-lungo termine.

Una delle argomentazioni che viene spesso usata per spiegare la diffusione degli swap riguarda i vantaggi comparati. Ogni società, quando negozia un nuovo prestito, si dirige generalmente verso il mercato dove ha un vantaggio comparato. Per esempio, una società Alfa con buon rating potrebbe avere accesso a prestiti a tassi variabili con spread rispetto al Libor inferiore alla media del mercato e avere invece condizioni pari a quelle di mercato sul segmento dei prestiti a tasso fisso. Qualora la società Alfa desiderasse indebitarsi a tasso fisso, essa potrebbe sfruttare il vantaggio comparato di cui gode sul segmento dei prestiti a tasso variabile indebitandosi a tasso variabile e ricorrendo ad un interest rate swap, che le consenta di trasformare tale debito in uno a tasso fisso. A fronte di questi innumerevoli possibili vantaggi legati all'utilizzo dei contratti swap, bisogna notare come non sia facile per una parte riconoscere una controparte in grado di combinare le specifiche esigenze in un'appropriata transazione swap, essendo quello degli swap, come detto, un mercato del tipo over-the-counter, ossia un mercato non regolato secondo le norme di una borsa valori.

Può quindi verificarsi che:

- Le esigenze relative allo swap di una parte non sono generalmente conosciute dalle altre parti.
- Le parti abbiano una limitata capacità di valutare e accettare il rischio di credito della controparte.
- Le date di pagamento e la durata di una parte non coincidano con quelle dell'altra.
- Vi siano differenze nell'ammontare del principale sul quale le parti intendono attuare lo swap.

La maggior parte di questi problemi viene risolto dall'intervento di un intermediario finanziario, che sia in grado di mettere in contatto più utilizzatori di swap e di mediare tra le loro specifiche esigenze. L'intermediario può svolgere una pura funzione di intermediazione tra le parti oppure può assumersi il rischio del contratto, chiudendolo direttamente con la controparte. Ovviamente, in questo caso, l'intermediario utilizzerà anche altri strumenti, come ad esempio i contratti futures, per coprire il portafoglio di swap. Lo schema dei flussi finanziari degli swap è completamente diverso da quello degli altri derivati. Lo swap non ha un prezzo di acquisto col quale la controparte diviene proprietaria di un sottostante, o del diritto di acquistarlo/venderlo a un dato prezzo alla scadenza (come per le opzioni call e put), né a scadenza ha facoltà di esercitare o meno tale diritto con dei gradi di libertà: i flussi hanno date certe e stabilite dal contratto, di segno opposto (spesso più di due nel tempo), e quelli di almeno una controparte sono deterministici (di importo noto: es. quantità di valuta, tasso fisso, premio per un CDS). La quantità e valore degli swap scambiabili (e il rischio di controparte) sono meno legati al prezzo del sottostante rispetto ad altri strumenti derivati: con un'opzione, la controparte che acquista deve avere liquidità pari al prezzo del derivato e del sottostante (se esercita l'opzione), mentre per uno swap entrambe le controparti devono essere solvibili, ma solamente per la differenza fra due tassi di interesse (spread fisso-variabile, cambio fra valute, probabilità di default per un CDS) che sono percentuali del sottostante (interessi rispetto al capitale di debito, delta cambio fra valute), e aventi il solito ordine.

Ad esempio, se la controparte non vende a terzi il derivato o non si copre con un derivato di segno opposto (stessa scadenza e sottostante): nello swap di commodity non è necessaria la disponibilità fisica del bene sottostante; in quello di interessi il contratto di swap non necessariamente è legato all'esistenza e/o unicità di debiti a tasso fisso e variabile sottostanti (che potrebbero per contro essere coperti da molteplici swap); nello swap di valute, dove è invece necessaria la disponibilità del bene, a pronti al cambio corrente di mercato, questo ritorna alla controparte a termine al cambio iniziale, in modo indipendente da quanto varia il prezzo relativo fra le valute fra la data a pronti e a termine.

Interest Rate Swap

Gli Interest Rate Swap (I.R.S.) sono contratti in cui due controparti si scambiano pagamenti periodici di interessi, calcolati su una somma di denaro, detta capitale nozionale di riferimento (notional principal amount), per un periodo di tempo predefinito pari alla durata del contratto, e cioè fino alla scadenza (maturity date o termination date) del contratto stesso. Il nome 'interest rate swap' deriva dal fatto che i pagamenti effettuati sono simili ai pagamenti di interessi su un debito. Si tratta in pratica di un contratto su tassi di interesse, in base al quale due controparti si impegnano a scambiare periodicamente dei flussi di liquidità calcolati sulla base di:

- Un tasso di interesse fisso predeterminato al momento della stipula.
- Un tasso di interesse variabile rilevato puntualmente alle varie scadenze.
- Un ammontare nominale di riferimento.

La parte che paga tasso fisso è detta "fix payer"; la parte che paga tasso variabile è detta "fix receiver". Convenzionalmente gli I.R.S. contro Euribor prevedono il pagamento del flusso relativo al tasso fisso annualmente con base di calcolo 30/360 e il pagamento del flusso relativo al tasso variabile semestralmente con base di calcolo Act/360 (dove "act" = giorni effettivi di calendario). L'ammontare nominale di riferimento, che non è oggetto di trasferimento materiale, è l'importo sul quale verranno calcolati i flussi di interesse dovuti da ciascuna controparte.

- Stipulando un I.R.S. in cui si paga un tasso fisso e si incassa un tasso variabile si può trasformare una passività a tasso variabile in una a tasso fisso, e quindi proteggersi da un rialzo dei tassi.
- Viceversa stipulando un I.R.S. in cui si incassa un tasso fisso e si paga un tasso variabile si può trasformare una

passività a tasso fisso in una a tasso variabile, e quindi sfruttare un ribasso dei tassi.

Esistono numerose tipologie di I.R.S; la più diffusa, denominata plain vanilla swap, presenta le seguenti caratteristiche:
- La durata dello swap è un numero intero di anni.
- Uno dei due flussi di pagamenti è basato su un tasso di interesse fisso, mentre l'altro è indicizzato a un tasso di interesse variabile.
- Il capitale nozionale resta costante per tutta la vita del contratto.

Gli elementi fondamentali di un plain vanilla swap, da indicare nel contratto, sono:
- La data di stipula del contratto (trade date).
- Il capitale nozionale di riferimento (notional principal amount), che non viene scambiato tra le parti e serve unicamente per calcolare gli interessi.
- La data di inizio (effective date), ossia da quando cominciano a maturare gli interessi (normalmente due giorni lavorativi dopo la data di stipula).
- La data di scadenza (maturity date o termination date) del contratto.
- Le date di pagamento (payment dates), ossia le date in cui vengono scambiati i flussi di interessi.
- Il livello del tasso fisso.
- Il tasso variabile di riferimento (molto spesso sono usati il Libor o altri tassi interbancari, oppure i tassi di interesse pagati sui titoli di stato) e la relativa data di rilevazione (c.d. fixing date).

L'importo da scambiare detto differenziale è determinato da:

$$\Delta s = (TV - TF) * Cn*(gg/360)$$

dove:

- Δs è il differenziale che deve essere pagato dall'acquirente dello swap (cioè colui che si è obbligato a pagare il tasso fisso).
- TF e TV sono rispettivamente il tasso fisso e tasso variabile.
- Cn è il capitale nozionale e gg/360 il fattore tempo che diviene 1 se la scadenza è annuale.

Se TV > TF, allora è la banca che paga il differenziale alla azienda.
Se TF > TV, allora è l'impresa che paga il differenziale alla banca.

Nella prassi si definisce acquirente dello swap chi corrisponde i pagamenti a tasso fisso e riceve quelli a tasso variabile; si suole anche dire che tale soggetto assume una posizione lunga (long swap position). Simmetricamente, venditore è colui che in cambio del tasso variabile riceve il tasso fisso e si dice che assume una posizione corta (short swap position).
- Il flusso dei pagamenti di interessi a tasso fisso è detto "gamba fissa".
- Il flusso dei pagamenti a tasso variabile è detto "gamba variabile".

Il controvalore di ciascun pagamento è dato dal prodotto del capitale nozionale per il tasso fisso contrattualmente stabilito e riferito alla frazione d'anno di pertinenza (fixed rate day count fraction).
Il relativo controvalore unitario è il risultato del prodotto del capitale nozionale per il tasso variabile fissato alla data di rilevazione indicata nel contratto (fixing date) e riferito alla frazione d'anno di pertinenza (floating rate day count fraction).
- Si definisce tasso swap (c.d. swap rate) quel valore del tasso fisso che rende nullo il valore del contratto al momento della sua stipula e si determina eguagliando il valore attuale dell'insieme dei pagamenti della gamba fissa al valore attuale dell'insieme dei pagamenti della gamba variabile. In queste condizioni, le due

prestazioni, al momento della stipula, sono equivalenti e si ha un "at-the-money par swap".

Durante la vita del contratto, la valutazione a un dato momento di uno swap è data dalla differenza tra i valori attuali dei flussi di pagamenti delle due gambe, fissa e variabile, ancora dovuti in base alla previsione contrattuale. Le variazioni del tasso variabile, rispetto ai livelli ipotizzati al momento della conclusione del contratto, determinano il profilo di rischio/rendimento del plain vanilla swap. In particolare, se il tasso variabile risulta superiore alle aspettative, l'acquirente dello swap, cioè colui che è obbligato a pagare il tasso fisso, matura un profitto (in quanto, fermo restando i pagamenti a tasso fisso cui è obbligato, riceverà pagamenti a tasso variabile di importo superiore a quanto previsto) e il venditore una perdita, mentre se il tasso variabile scende è il venditore a conseguire un profitto.

Esempio

Si consideri un interest rate swap di tipo plain vanilla in cui:
- Il nozionale è pari a 100.000 euro.
- Il tasso fisso nominale annuo è pari al 2,5%.
- Il tasso variabile è il Libor (London Interbank Offer Rate) a 6 mesi più uno spread dello 0,5%.
- Il tasso Libor relativo al primo periodo è fissato al 2%.
- La data di stipula del contratto è il 4 novembre 2014.
- La prima effective date (data a partire dalla quale cominciano a maturare gli interessi) è il 6 novembre 2014.
- La durata dello swap è di due anni.
- Il periodo di liquidazione degli interessi è semestrale per entrambe le gambe (cioè per entrambi i flussi di pagamento).
- Si ipotizza una certa evoluzione per l'andamento del Libor a sei mesi.

Alla prima data di liquidazione degli interessi, 6 maggio 2015, l'acquirente dello swap, cioè colui che paga il tasso fisso, pagherà alla controparte la somma di:

100.000 x 2,5% / 2 = 1.250 €

e riceverà, avendo ipotizzato il Libor per il primo periodo pari al 2%, la stessa somma di 1.250 euro, conseguente all'applicazione al nozionale di un tasso annuo del 2,5% (che, considerato il periodo di riferimento semestrale, deve essere diviso per due), dato dal Libor (2%) + lo spread (0,5%).

- Alla seconda data di liquidazione, 6 novembre 2015, ipotizziamo che il livello del Libor sia pari a 2,2%. L'acquirente continuerà a pagare 1.250 euro, ma riceverà la somma di 1.350 euro, conseguente all'applicazione al nozionale del tasso annuo del 2,7%, dato dal Libor (2,2%) + lo spread (0,50%).
- Alla terza data di liquidazione, 6 maggio 2016, ipotizziamo un livello del Libor pari al 2,4%. L'acquirente, a fronte del solito pagamento di 1.250 euro, riceverà la somma di 1.450 euro, conseguente all'applicazione al nozionale del tasso annuo del 2,9%, dato dal Libor (2,4%) + lo spread (0,50%).
- Alla quarta e ultima data di liquidazione, 6 novembre 2016, con un Libor ipotizzato al 2,1%, l'acquirente pagherà come sempre 1.250 euro e riceverà 1.300 euro, derivanti dall'applicazione al nozionale del tasso annuo del 2,6%, dato dal Libor (2,2%) + lo spread (0,50%).

Generalmente, gli swap sono usati per ricoprire o modificare posizioni di rischio e per adeguare un determinato flusso a una desiderata struttura. Essi vengono anche utilizzati al fine di «cogliere valore» nel mercato.

Per esempio, grazie a uno swap, è possibile ridurre l'effettivo costo di un finanziamento o aumentare il rendimento realizzato su di un investimento.

Questo «cogliere valore» del mercato è ottenibile sia arbitraggiando differenti segmenti del mercato sia avvantaggiandosi da anomalie del mercato.

Esistono tre tipi di interest rate swap:

- Coupon swap, contratto con il quale due parti si scambiano un flusso di interessi a tasso fisso e uno a tasso variabile nella solita valuta (floating-to-fixed swap).
- Basis swap, contratto con il quale due parti si scambiano flussi di interessi entrambi a tasso variabile nella solita valuta (floating-to-floating swap).
- Cross-currency interest rate swap, contratto con il quale due parti si scambiano due flussi di interessi denominati in due diverse valute (fixed-to-fixed swap).

Inoltre, gli swap consentono di accedere indirettamente a mercati non facilmente o non efficientemente accessibili. Ad esempio, una società americana non conosciuta in Giappone potrebbe indebitarsi in Yen ricorrendo a un currency swap che le consenta di trasformare il suo debito in dollari in un debito in Yen.

Un altro esempio è rappresentato da una società con basso rating di credito che si vede preclusa la possibilità di accedere all'indebitamento a lungo termine. Mediante un interest rate swap, la società può trasformare il suo debito a tasso variabile o breve termine in un debito a tasso fisso e medio-lungo termine. Il contratto viene utilizzato per convertire delle passività/attività da tasso variabile a tasso fisso o viceversa, senza sostenere costi all'attivazione del contratto. Esso è quindi adatto per un cliente che voglia modificare il proprio profilo di esposizione al rischio di tasso di interesse - al fine di trarre vantaggio dai possibili effetti di eventuali variazioni future dei tassi, ovvero di immunizzarsi dagli stessi – e non sia disponibile a pagare un costo a fronte di tale operazione.

In particolare, i possibili utilizzi sono i seguenti:

- Stipula di uno swap "fix payer" finalizzato alla conversione di una passività a tasso variabile in una passività a tasso fisso. Utilizzabile da un'impresa che ha contratto un mutuo a tasso variabile e intende coprirsi dal rischio di un rialzo dei tassi di interesse, stabilizzando i flussi di cassa futuri.
- Stipula di uno swap "fix receiver" finalizzato alla conversione di una passività a tasso fisso in una passività a tasso variabile. Utilizzabile da un'impresa che ha contratto un mutuo a tasso fisso e intende avvantaggiarsi di un ipotizzato ribasso dei tassi di interesse.
- Stipula di uno swap "fix receiver" finalizzato alla conversione di un'attività a tasso variabile in un'attività a tasso fisso. Utilizzabile da un'impresa che ha attività a tasso variabile, o assimilabili (es.: crediti commerciali), e intende coprirsi dal rischio di un ribasso dei tassi di interesse, "bloccando" un tasso fisso che si teme non possa essere raggiunto dopo che si è verificato lo scenario atteso di ribasso.
- Stipula di uno swap "fix payer" finalizzato alla conversione di un'attività a tasso fisso in un'attività a tasso variabile. Utilizzabile da un'impresa che ha attività a tasso fisso o assimilabili (ad esempio, crediti per beni dati in Leasing a tasso fisso, immobili con canoni di locazione fissi) e intende avvantaggiarsi di un ipotizzato rialzo dei tassi di interesse. Una volta stipulato il contratto, il suo valore di mercato varierà al variare dei tassi di interesse:
  - ➢ Aumenti dei tassi aumentano il valore del contratto per la parte che paga il tasso fisso e lo diminuiscono per la parte che riceve il tasso fisso.
  - ➢ Diminuzioni dei tassi diminuiscono il valore del contratto per la parte che paga il tasso fisso e lo aumentano per chi riceve il tasso fisso. Più è lunga la vita residua del contratto, maggiore è la sensibilità del valore alle variazioni percentuali dei tassi.

Esempio

La Banca A propone all'Impresa B un contratto per la copertura di un rischio di oscillazione dei tassi di interesse, su un capitale nozionale di € 2.000.000 per la durata di tre anni a partire dal periodo t.

Inizio il 1/6/t e con scadenza il 1/6/t+3.

L'accordo prevede che l'azienda pagherà un tasso 4,30% fisso a ogni scadenza (giugno di ogni anno a partire dal periodo t).

La Banca, invece, si impegna a pagare un tasso variabile Euribor 3 mesi rilevato il giorno precedente a ciascuna scadenza del contratto.

Il pagamento avviene mediante scambio di differenziali a ogni scadenza di periodo.

Supponiamo che l'Euribor di riferimento sia:
- 4,00% al periodo t
- 4,50% al periodo t+1
- 5,00% al periodo t+2

Scadenze	Evoluzione Euribor	Tasso Fisso	Flussi pagati Banca	Flussi pagati Impresa	Differenziale	Saldo Banca	Saldo Impresa
Scadenza anno t	4,00%	4,30%	80.000	86.000	6.000	6.000	- 6.000
Scadenza anno t+1	4,50%	4,30%	90.000	86.000	- 4.000	2.000	4.000
Scadenza anno t+2	5,00%	4,30%	100.000	86.000	- 14.000	- 12.000	14.000

Alla fine il vantaggio per l'impresa è dato da:

$$(-6.000+4.000+14.000) = 12.000$$

che riceve dalla banca e neutralizza il suo rischio al rialzo dei tassi.

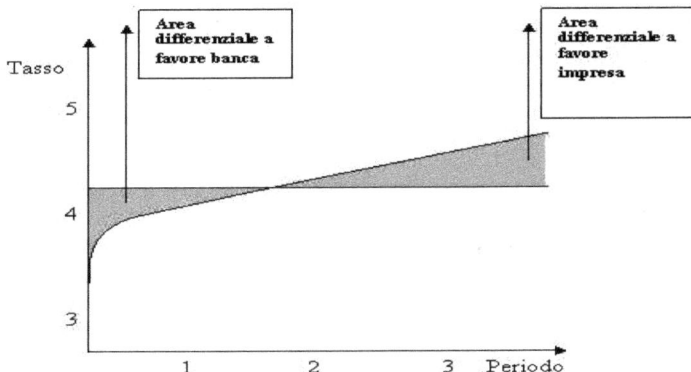

Spesso i sottoscrittori di un contratto di IRS mettono in atto strategie protettive per immunizzarsi dal rischio di un ribasso troppo consistente dei tassi o di un rialzo troppo oneroso di quest'ultimo.

A questo scopo si combinano il contratto di IRS con opzioni di tipo floor o di tipo cap.

- L'opzione cap è una opzione che fissa un tetto massimo all'oscillazione del tasso variabile verso l'alto; infatti, per tassi al di sopra della soglia stabilita si attiva l'opzione e quindi ci si protegge dall'aumento dei tassi.
- L'opzione floor, invece, è un'opzione che fissa invece una base all'oscillazione del tasso variabile che protegge dal ribasso dei tassi.
- La composizione tra l'acquisto di un'opzione cap e la vendita di un'opzione floor genera un contratto collar, grazie a quest'ultimo si fissa un range entro cui potrà oscillare il tasso variabile.

Currency Swap

I currency swap, letteralmente "scambio di valute", sono contratti in cui due parti si scambiano il capitale e gli interessi espressi in una divisa contro capitale e interessi espressi in un'altra divisa.

- Caratteristica ricorrente dei currency swap è che entrambi i flussi di pagamenti sono a tasso variabile e che i capitali nozionali sono scambiati una prima volta all'inizio del contratto e poi alla data di scadenza dello swap.

I due nozionali, denominati in valute diverse, sono di solito scelti in modo da essere approssimativamente uguali se valutati al tasso di cambio corrente osservato sul mercato alla data di stipula del contratto.

Se, ad esempio, un euro vale 1,23 dollari (e allora si dice che il rapporto euro/dollaro è pari a 1,23), a un nozionale di 100.000.000 euro dovrà corrispondere un nozionale di 123.000.000 dollari. Tale uguaglianza non è detto che permanga durante la vita del contratto, allorché il variare del rapporto di cambio fra le valute determina una variazione del valore dei nozionali.

Esempio

Si considerino due società, Alfa e Beta, che hanno la possibilità di accedere a un finanziamento a tasso variabile (Libor a un anno) su un medesimo capitale nozionale in dollari e in euro alle seguenti condizioni:

Alfa può indebitarsi:
- in dollari al tasso Libor più uno spread dello 0,4%.
- in euro al tasso Libor più uno spread dello 0,5%.

Beta può indebitarsi:

- in dollari al tasso Libor più uno spread dello 0,5%.
- in euro al tasso Libor più uno spread dello 0,4%.

Come si vede, Beta paga lo 0,1% in più rispetto ad Alfa sui finanziamenti in dollari, mentre Alfa paga lo 0,1% in più rispetto a Beta sui finanziamenti in euro.

Pertanto, Alfa gode di un vantaggio comparato rispetto a Beta sul mercato del debito in dollari, mentre Beta gode di un vantaggio comparato rispetto ad Alfa sul mercato del debito in euro. Si supponga ora che:

- Alfa desideri indebitarsi in euro
- Beta desideri indebitarsi in dollari.

Siamo in presenza delle condizioni perfette per la stipulazione di un currency swap tra le due società.

Ogni società, infatti, si indebita nel mercato in cui gode di un vantaggio comparato (Alfa si indebita in dollari e Beta si indebita in euro) e, attraverso un currency swap, Alfa provvede a trasformare il suo debito in dollari in un debito in euro e Beta provvede a trasformare il suo debito in euro in un debito in dollari. Dal momento che la differenza tra i due finanziamenti in euro è dello 0,1%, e anche quella tra i due finanziamenti in dollari è dello 0,1%, lo swap consentirà una riduzione complessiva dell'interesse per indebitarsi pari allo 0,2% che sarà ripartita tra le parti secondo lo schema dei flussi di pagamento contrattualmente pattuito.

Di seguito si illustra uno tra questi possibili schemi:

- Alfa si finanzia in dollari al Libor + 0,4%.
- Beta si finanzia in euro al Libor + 0,4%.

Alfa e Beta stipulano un contratto di currency swap secondo il quale:

- Alfa consegna a Beta la somma finanziata in dollari e ottiene quella in euro.
- Alfa deve pagare periodicamente a Beta il Libor sull'euro aumentato di uno spread dello 0,4%.
- Beta deve pagare periodicamente ad Alfa il Libor sul dollaro aumentato dello 0,4%.

- Alla scadenza, Alfa riconsegnerà a Beta la somma in euro e riceverà quella in dollari.

Alfa e Beta potranno così restituire ai propri finanziatori le somme nella stessa valuta in cui le hanno ricevute. Questo esempio rappresenta la modalità di utilizzo di un currency swap al fine di realizzare un arbitraggio.

Asset Swap

Gli asset swap sono contratti in cui due parti si scambiano pagamenti periodici liquidati in relazione a un titolo obbligazionario (asset) detenuto da una di esse, e non, quindi, come per gli I.R.S., in relazione a una semplice somma di denaro. La determinazione dei flussi di cassa scambiati presuppone quindi l'individuazione di un'obbligazione che, di norma, è a tasso variabile; attraverso l'asset swap, chi detiene l'obbligazione può scambiare il tasso variabile a essa collegato con un tasso fisso.

- L'obbligazione sottostante può anche essere a tasso fisso e, in questo caso, il contratto consente di scambiare il tasso fisso con un tasso variabile e viene denominato Reverse Asset Swap.

Tuttavia questa distinzione terminologica non sempre è adottata nella pratica, dove viene indifferentemente usata la dizione asset swap. Chi detiene l'obbligazione è detto asset swap buyer e corrisponde l'interesse connesso all'obbligazione, che può essere fisso o variabile.

Per converso, l'asset swap seller riceve l'interesse dell'obbligazione e paga un tasso di natura diversa (se l'obbligazione è a tasso fisso pagherà un variabile e viceversa). In caso di default del titolo obbligazionario, l'asset swap buyer cesserà i pagamenti, mentre l'asset swap seller continuerà a corrispondere l'interesse pattuito.

- La funzione di questi contratti è, quindi, quella di scambiare un tasso fisso con un tasso variabile, e in ciò sono assimilabili agli I.R.S.

In più vi è una parziale copertura contro il rischio di default di una determinata obbligazione.

Gli asset swap sono generalmente costruiti in modo che il valore del contratto alla data di inizio dello stesso sia nullo. Questa circostanza, nel caso di titoli obbligazionari privi di rischi di credito si verifica, alternativamente, nei seguenti casi:

- Il valore attuale delle due gambe dello swap, ove l'attualizzazione viene eseguita scontando entrambi i flussi di pagamenti con la stessa curva dei tassi di interesse correnti di mercato (tassi spot), è il medesimo.
- Il prezzo del titolo sottostante è esattamente pari a 100 (che è generalmente il prezzo di un titolo privo di rischio di credito con interessi corrispondenti a quelli di mercato) e una gamba dello swap è rappresentata dal tasso risk free (cioè il tasso di interesse corrisposto per un'attività assolutamente priva di rischio).

Qualora ciò non si verifichi, il valore del contratto non è nullo. Per riportarlo al valore zero si può operare secondo due modalità:

- Si innesta uno spread (denominato asset swap spread) sul tasso che definisce i flussi di pagamenti periodici corrisposti in cambio di quelli derivanti dall'obbligazione.
- Si determina un contributo una tantum (denominato par adjustment).

Queste due modalità non sono necessariamente alternative, ma possono anche concorrere fra di loro per conseguire l'obiettivo di annullare il valore del contratto.

Sempre con queste modalità operative, inserimento di un asset swap spread o determinazione di un par adjustment, viene anche gestita, attraverso calcoli necessariamente molto più complessi, l'eventuale presenza di un rischio di credito dell'obbligazione consistente nella possibilità che non tutte le cedole vengano pagate. Quanto appena detto spiega come l'esistenza di un asset swap spread o di un par adjustment svolga un ruolo segnaletico sulle caratteristiche del titolo sottostante in termini di classe di rating e struttura cedolare, vale a dire in termini di valutazione del rischio di credito e di tasso di interesse corrisposto dall'obbligazione. E' evidente, infatti, come l'asset swap spread (o il par adjustment) venga eventualmente previsto per compensare determinate caratteristiche del titolo sottostante che comportano un rischio aggiuntivo rispetto ai titoli risk free oppure comportano rendimenti diversi, superiori o inferiori, rispetto alla curva dei tassi di mercato (tassi spot) presente al momento della stipula del contratto.

Esempio

Si consideri un asset swap in cui:
- Il titolo sottostante è un'obbligazione:
  - ➤ A tasso fisso con vita residua di 4 anni.
  - ➤ Con tasso cedolare pari al 5% annuo, superiore a quello di mercato al momento della stipula.
  - ➤ Con valore di mercato al momento della stipula pari a 100, e cioè pari al nominale (la valorizzazione alla pari, pur in presenza di un interesse superiore a quello di mercato, si giustifica considerando una componente di rischio di credito che, quindi, verrà rappresentata nell'asset swap spread).
  - ➤ Con rateo cedola nullo al momento della stipula.
- Vi è una perfetta coincidenza tra le date di pagamento delle cedole e le date in cui vengono scambiati i flussi di pagamenti dell'asset swap.
- Il tasso variabile di riferimento è il Libor a un anno.
- Il titolo non va in default nel periodo di durata dello swap.
- Si utilizza l'asset swap spread per rendere nullo il valore dell'asset swap.
- Il valore dell'asset swap spread, calcolato con formule di attualizzazione dei flussi di cassa tali da includere il possibile rischio di default, è pari al 2,825%.

Si assuma che il tasso variabile di riferimento abbia il seguente andamento:
- Anno 1: 2,0%, per un totale compreso lo spread di 4,825%;

- Anno 2: 2,2% per un totale compreso lo spread di 5,025%;
- Anno 3: 2,4% per un totale compreso lo spread di 5,225%;
- Anno 4: 2,1% per un totale compreso lo spread di 4,925%.

I flussi di cassa di questo asset swap sono i seguenti:
- Anno 1: l'asset swap buyer, cioè colui che deve corrispondere il tasso fisso dell'obbligazione, corrisponde 5 euro (5% su 100 euro del valore di mercato dell'obbligazione) e ne riceve dall'asset swap seller 4,825 (4,825% sul valore di mercato dell'obbligazione).
- Anno 2: l'asset swap buyer corrisponde 5 euro e ne riceve 5,025.
- Anno 3: l'asset swap buyer corrisponde 5 euro e ne riceve 5,225.
- Anno 4: l'asset swap buyer corrisponde sempre 5 euro e ne riceve 4,925.

In questo esempio non abbiamo considerato la possibilità di default dell'obbligazione. Qualora si fosse verificata, poniamo al terzo anno, per il terzo e quarto anno l'asset swap buyer non avrebbe corrisposto alcuna somma, continuando però a percepire 5,225 euro il terzo anno e 4,925 il quarto.

Linee guida del CESR sulla misurazione dei rischi

In base alle linee guida del CESR sulla misurazione dei rischi, il rischio per singola controparte netto generabile da operazioni di prestito titoli deve essere incluso nel limite del 20% previsto dal comma 2 dell'articolo 52 della direttiva UCITS mentre i requisiti relativi alla composizione del collaterale sono lasciati alla regolamentazione nazionale di domiciliazione del fondo.

In genere l'esposizione nei confronti della controparte viene sovracollateralizzata e monitorata su base giornaliera cosicché ogniqualvolta l'esposizione diventa positiva viene richiesto alla controparte di reintegrare il collaterale (azzerando l'esposizione). In caso di fallimento della controparte con la quale è effettuata l'operazione di prestito titoli il gestore ha diritto di rivalersi sul collaterale, portandolo nelle sue disponibilità per poi procedere alla sua liquidazione. Le modalità e i tempi di esercizio di tale facoltà non garantiscono a priori che il denaro così ottenuto sia sufficiente per coprire la percentuale del valore del fondo oggetto dell'operazione di prestito titoli.

In sintesi i criteri sono:

- Liquidità (il collaterale deve essere sufficientemente liquido nel senso che deve essere smobilizzabile velocemente a un prezzo consistente e vicino alla precedente valutazione).
- Valutazione (il collaterale deve essere valorizzabile almeno una volta al giorno da un soggetto indipendente).
- Merito creditizio dell'emittente (nella valutazione del collaterale devono essere previsti adeguati "haircut" in base alla qualità dell'emittente dei titoli e alla loro volatilità).
- Correlazione (correlazione tra i titoli posti a collaterale e la controparte swap deve essere evitata).
- Diversificazione(deve essere evitata la concentrazione del collaterale ad esempio per emittente, settori e paesi).

- Rischi operazionali e legali (adeguati presidi devono essere adottati al fine di mitigati tali rischi).
- Depositario (il collaterale deve essere detenuto presso una banca terza soggetta a vigilanza prudenziale).
- Il collaterale deve essere riscattabile dal fondo in qualsiasi momento senza il consenso preventivo della controparte swap).
- Collaterale diverso dal denaro non può essere venduto, reinvestito o posto a pegno.
- Collaterale rappresentato da denaro può essere investito solamente in asset privi di rischio.

Vantaggi degli ETF

Semplicità, trasparenza, flessibilità, economicità e abbattimento del rischio emittente sono, quindi, le caratteristiche fondamentali degli ETF per le quali sono apprezzati dagli investitori, sia istituzionali sia retail, e che ne hanno decretato il successo nel tempo.

- Semplicità: Gli ETF sono strumenti passivi il cui obiettivo di investimento è esclusivamente quello di replicare la performance dell'indice benchmark a cui fanno riferimento consentendo in modo immediato agli investitori di esporsi al mercato di interesse (azionario, obbligazionario, di materie prime ecc) o alla strategia obiettivo (short, leverage accessibili tramite gli ETF strutturati). Operativamente, grazie alla negoziazione in tempo reale in Borsa gli ETF possono essere acquistati e venduti come se fossero delle azioni tramite la propria banca/broker.
- Trasparenza: Gli ETF, replicando un indice notorio di mercato, consentono agli investitori di essere perfettamente consapevoli del profilo rischio-rendimento del proprio investimento nonché del portafoglio titoli a cui sono esposti. Gli ETF hanno inoltre un prezzo che si aggiorna in tempo reale in funzione dell'andamento delle componenti dell'indice di riferimento e quindi l'investitore è costantemente a conoscenza della valorizzazione del proprio investimento in ETF, anche grazie alla pubblicazione giornaliera del valore ufficiale dell'ETF (NAV).
- Flessibilità: Gli ETF non hanno scadenza e contemporaneamente sono quotati in Borsa in tempo reale; l'investitore può quindi modulare in funzione dei propri obiettivi l'orizzonte temporale dell'investimento, che può andare dal brevissimo termine (trading intraday) al medio/lungo termine, come per gli investimenti effettuati a fini previdenziali. Infine,

considerando che il lotto minimo di negoziazione è pari a una sola quota/azione, è possibile prendere posizione sugli indici di tutto il mondo anche per importi ridotti.

- Economicità: La politica di gestione passiva propria di tutti gli ETF e la quotazione in Borsa consentono agli ETF di abbattere i costi tipici della gestione attiva (team di analisti) e quelli legati alla distribuzione, garantendo agli investitori l'accesso a mercati e a strategie di investimento altrimenti difficilmente raggiungibili con commissioni di gestione così ridotte.
- Abbattimento del rischio emittente: Gli ETF sono fondi o Sicav il cui patrimonio è per legge di esclusiva proprietà dei possessori delle quote/azione dell'ETF. Di conseguenza anche nell'ipotesi di insolvenza delle società che si occupano della gestione, amministrazione e promozione del fondo, il patrimonio dell'ETF non verrebbe intaccato. Pur nella sua semplicità e flessibilità d'utilizzo l'ETF rimane uno strumento sofisticato e innovativo e in continua evoluzione le cui caratteristiche devono essere afferrate nei minimi dettagli al fine di comprenderne potenzialità e limiti.

Svantaggi degli ETF

- Livello di rischio: I cloni finanziari sono prodotti caratterizzati da un profilo di rischio medio alto, in quanto legati all'andamento del mercato sottostante (azionario, obbligazionario, materia prima). La diversificazione permette di ridurre il rischio specifico di un singolo titolo, ma non elimina il rischio di mercato.

- Emissione riservata solo agli investitori istituzionali: Solo i player istituzionali possono trattare direttamente con le società emittenti degli ETF, ETF strutturati o ETC. Gli investitori privati possono negoziare questi strumenti solamente nel mercato secondario attraverso un broker.

- Spread bid/ask: In caso di un supporto non adeguato alla liquidità degli ETF, ETF strutturati o ETC da parte dello specialist, lo spread denaro/lettera può ampliarsi eccessivamente.

- Assenza di una selezione qualitativa dei titoli: L'acquisto di un ETF o ETF strutturato consente di acquistare istantaneamente un paniere di titoli di una determinata area geografica, mercato o settore. L'investimento concerne pertanto tutti gli strumenti finanziari incorporati nell'indice senza la possibilità di escludere le società più rischiose o considerate meno valide (gestione passiva). Questa scelta può essere effettuata esclusivamente attraverso una gestione di investimento "attiva", concetto ancor più evidente nel caso degli ETC, in quanto l'investimento in questi strumenti consente di assumere una posizione rialzista su una singola materia prima o su un paniere di materie prime.

Nav e iNav

Il Nav è l'acronimo di "Net Asset Value" e per un Fondo/ETF sta a indicare il valore dato dai titoli e dalla componente liquidità (dividendi compresi), detenuti in portafoglio, al netto dei costi generati (commissioni di gestione e spese varie). Il Nav è calcolato dopo la chiusura dei mercati, salvo eccezioni.

- Il Nav dell'ETF si distacca dal valore dell'indice sottostante in proporzione all'aumentare della componente cash del fondo, data dall'accumulo dei dividendi e sottratte le spese di gestione. Al momento dello stacco cedolare, il Nav dell'ETF e il valore dell'indice di riferimento convergono nuovamente.
- L'iNav, acronimo di "indicative Net Asset Value" (valore compreso tra il prezzo di acquisto e di vendita presenti sul mercato), rappresenta un prezzo teorico, indicativo del valore intraday delle attività e della liquidità detenuta dall'ETF. E' calcolato in tempo reale e aggiornato, solitamente, dalla società emittente o da un suo incaricato ogni 15 secondi. L'iNav è visionabile sul sito di Borsa Italia oppure della società emittente.

Un ETF o ETF strutturato rappresenta un insieme di titoli finanziari (azioni/obbligazioni) e il suo valore riflette quello del paniere sottostante. Ogni giorno è, quindi, disponibile:

- Il NAV (Net Asset Value), cioè il valore dell'ETF, riportato dalla Borsa su cui lo strumento è trattato all'inizio o alla chiusura della seduta. Il NAV comprende anche i dividendi accumulati e i costi di gestione, che vengono sottratti direttamente dal valore dell'Etf con il passare del tempo. E' possibile trovare i NAV degli Etf sui principali quotidiani finanziari, sul sito internet della Borsa Italiana e sui siti web degli emittenti.
- La composizione dell'Etf (creation basket).
- La composizione dell'indice benchmark di riferimento.

- L'iNAV, cioè il valore dell'ETF durante ogni momento della giornata.

Il prezzo dell'ETF corrisponde, generalmente, a una frazione dell'indice sottostante (ad esempio, 1/10 oppure 1/100) per cui è sempre possibile una valutazione puramente indicativa del suo corretto valore. Il NAV sarà diverso dal prezzo dell'ETF in borsa, il quale varia continuamente in base alla variazione dell'indice e all'andamento della domanda/offerta. Possono, inoltre, intervenire delle limitazioni alla diffusione della composizione dell'ETF e dell'indice benchmark a seconda degli accordi intervenuti in tal senso tra emittente e index provider.

Trattamento fiscale

Ai fini delle valutazioni fiscali, questi strumenti finanziari vanno trattati come fondi e non come azioni e il regime applicato è quello del risparmio amministrato. Tutti i profitti (capital gain) sono considerati come redditi da capitale, mentre le perdite costituiscono redditi diversi. Con questa nuova modalità di tassazione, in vigore dall'aprile 2014, le plusvalenze non producono più redditi diversi e viene quindi esclusa la possibilità di compensare le minusvalenze derivanti da operazioni in perdita.

- La fiscalità applicata è differente a seconda che l'ETF sia "armonizzato" (cioè conforme alle direttive europee) oppure "non armonizzato" (cioè non conforme alle direttive europee).
- Tutti gli ETF attualmente quotati su Borsa Italiana sono "armonizzati" e autorizzati dalla Banca d'Italia e dalla Consob.

Come capire che un ETF è "armonizzato"?
Premesso che tutti gli ETF attualmente quotati su Borsa Italiana sono "armonizzati", per quanto riguarda altri ETF di diritto europeo occorre necessariamente visionare il relativo Prospetto informativo (a seconda dei casi, infatti, tali ETF possono essere "armonizzati" oppure "non armonizzati"). Volendo generalizzare e semplificare, si può comunque affermare che tipicamente tutti gli ETF quotati su Borse statunitensi sono "non armonizzati". La negoziazione di ETF ed ETF strutturati genera due tipologie di reddito:

- Reddito di capitale: sono i redditi derivanti dai dividendi percepiti e dall'incremento di NAV (delta NAV). Quest'ultimo è dato dalla differenza ottenuta sottraendo il valore del NAV del giorno della vendita da quello del giorno di acquisto dell'ETF.
- Reddito diverso: è il capital gain derivante dalla differenza tra i prezzi della compravendita e il valore

effettivo delle quote calcolato attraverso il NAV dei giorni di acquisto e di vendita dell'Etf.

Ovviamente se l'ETF viene comprato e venduto nello stesso giorno, la variazione del NAV (Delta NAV) sarà nulla. Se consideriamo:

- Pa = prezzo di acquisto dell'ETF.
- Pv = prezzo di vendita dell'ETF.
- NAVa = NAV del giorno d'acquisto.
- NAVv = NAV del giorno di vendita.

Abbiamo:

Reddito di capitale (Delta NAV) = (NAVv – NAVa)

**Reddito diverso (capital gain / loss) =
(Pv – Pa) – (NAVv – NAVa)**

Il regime fiscale applicato a queste tipologie di reddito varia a seconda della natura degli ETF, che possono essere distinti tra:

- ETF armonizzati (conformi alle direttive comunitarie).
- ETF di diritto estero non armonizzati (non conformi alle direttive comunitarie).

ETF armonizzati

Per gli ETF (ordinari e strutturati) armonizzati è prevista, dal 1 luglio 2014, una ritenuta del 26% che verrà applicata direttamente dall'intermediario (banca o Sim) a titolo di ritenuta d'imposta. Per conto della propria clientela retail l'intermediario diretto ricopre, quindi, il ruolo di sostituto d'imposta, sia per l'applicazione della ritenuta sui redditi di capitale, sia per l'applicazione dell'imposta sostitutiva sui redditi diversi. L'investitore privato non è gravato da alcun onere amministrativo/contabile e nessun provento deve essere riportato nella propria dichiarazione dei redditi. Viene applicata:

- Una ritenuta a titolo d'imposta del 26% sui proventi periodici e sui redditi di capitale derivanti dal Delta NAV.
- Un'imposta sostitutiva del 26% sui redditi diversi (capital gain), al netto delle eventuali minusvalenze accumulate, qualora l'investitore abbia rilasciato il proprio assenso al regime di risparmio amministrato.

In questo caso l'investitore non è tenuto a riportare sulla dichiarazione dei redditi alcuna indicazione del provento. NOTA: Tutti gli ETF attualmente quotati su Borsa Italiana sono "armonizzati".

ETF di diritto estero non armonizzati

In questo caso i proventi di capitale concorrono a formare il reddito imponibile del sottoscrittore e sono assoggettati alla tassazione progressiva IRPEF.
In particolare l'intermediario applicherà:
- Ai redditi di capitale, cioè i dividendi incassati e il Delta NAV (NAV del giorno di vendita - NAV del giorno di acquisto), una ritenuta a titolo di acconto del 26%, ma tali redditi dovranno essere indicati in sede di dichiarazione dei redditi e saranno quindi soggetti a un'aliquota marginale sul reddito.
- Ai redditi diversi (capital gain) l'imposta del 26% tipica del risparmio amministrato; tali redditi non dovranno essere indicati in sede di dichiarazione dei redditi.

Come si può facilmente intuire, l'investimento in ETF non armonizzati crea maggiori difficoltà a livello fiscale e un maggiore costo per l'investitore retail che, nella gran parte dei casi, preferisce rivolgersi esclusivamente agli ETF armonizzati. Fortunatamente tutti i cloni finanziari quotati in Borsa Italiana e la maggior parte delle borse del vecchio continente sono armonizzati. Per conoscere se un clone finanziario è armonizzato o meno è comunque necessario leggere il prospetto informativo dello strumento e il relativo regolamento.

E.T.C. - Exchange Traded Commodities

Gli E.T.C., Exchange Traded Commodities, sono strumenti finanziari emessi da una società veicolo (SPV, o Special Purpose Vehicle) a fronte dell'investimento diretto dell'emittente in materie prime o in contratti derivati su materie prime. Il prezzo degli ETC è, quindi, legato direttamente o indirettamente all'andamento del sottostante. Similarmente agli ETF, gli ETC sono negoziati in Borsa come delle azioni.

- Gli ETC non distribuiscono alcuna cedola, dal momento che le materie prime non generano alcun tipo di dividendo.

Questi strumenti, al pari degli ETF, replicano passivamente la performance della materia prima o del paniere di materie prime cui fanno riferimento rientrando a pieno merito nella famiglia dei "cloni finanziari". L'investitore può, quindi, investire su una singola materia prima, oro, petrolio, gas, zucchero, soia, zinco, possibilità preclusa agli ETF che devono garantire un certo grado di diversificazione per ragioni di natura regolamentare (Direttiva sugli Organismi d'Investimento Collettivi del Risparmio UCITS III). Gli ETC non sono, quindi, fondi (OICR) ma sono titoli senza scadenza, simili alle obbligazioni zero coupon con scadenza illimitata, emessi da una società veicolo a fronte dell'investimento diretto in una materia prima o in contratti su merci stipulati dall'emittente con operatori internazionali. Ciò che accomuna gli ETC agli ETF è l'esistenza di un mercato primario e di un mercato secondario.

- Il mercato primario, accessibile esclusivamente agli intermediari autorizzati, consente la sottoscrizione e il rimborso dei titoli su base giornaliera al valore ufficiale dell'ETC; per gli ETC physically-backed è prevista, però, la possibilità di effettuare la sottoscrizione anche in natura, ossia consegnando all'emittente direttamente la materia prima.

- Il mercato secondario è rappresentato dal mercato di quotazione, dove tutti gli altri investitori possono negoziare gli ETC al prezzo determinato dalle migliori proposte in acquisto e in vendita presenti sul book di negoziazione.

La procedura di sottoscrizione e rimborso sul mercato primario consente agli intermediari specializzati di effettuare arbitraggi che fanno si che il prezzo degli ETC sul secondario sia sempre costantemente allineato al valore di mercato della materia prima sottostante come avviene per gli ETF: di conseguenza il rischio di acquistare un ETC a premio o di venderlo a sconto è ridotto, tuttavia questo rischio non può essere a priori escluso.

Esattamente come gli ETF, gli ETC sono negoziati in Borsa come un comune titolo azionario; gli investitori, tramite il proprio intermediario, possono quindi, in qualunque momento della giornata borsistica, comprare e vendere questi strumenti al loro prezzo di mercato.

- I primi 32 ETC sono stati quotati sul mercato ETFplus di Borsa Italiana il 20 aprile 2007. Si è trattato di due cross-listing: l'uno di un ETC direttamente correlato all'oro fisico (lingotti d'oro purissimo, a 24k), l'altro di una famiglia di 31 ETC indicizzata a indici di materie prime aggregate e di singole commodity tramite contratti future sui sottostanti.
- Il 23 gennaio 2008 hanno raggiunto quota 47, con l'introduzione delle prime Forward ETC.
- Il 22 maggio 2009 sono state introdotte le prime 10 Short ETC e 10 Leveraged ETC.
- Al 10 settembre 2014, sono 165 le ETC quotate sull'ETFplus, emesse da quattro distinti fornitori. Il lotto minimo negoziabile è una quota.

Il mercato ETFplus, grazie alla quotazione in tempo reale degli ETC, ha reso accessibile a tutti gli investitori in maniera semplice, trasparente e con elevata liquidità, il mercato delle materie prime. In sintesi un ETC consente di:

- Accedere direttamente al mercato delle commodities: gli ETC replicano la performance di una singola commodity o di indici di commodities, grazie all'investimento diretto da parte della società emittente nella materia prima fisica o in contratti derivati sulla medesima. In questo secondo caso gli ETC consentono agli investitori di avere un'esposizione simile a quella che si otterrebbe gestendo una posizione a lungo in contratti future senza leva finanziaria.

- Rimanere costantemente allineato alle performance delle materie prime: a differenza di una posizione in future, gli ETC non comportano la necessità di riposizionarsi da un contratto future a un altro, non richiedono nessun margine e non comportano altre spese di intermediazione/sostituzione dei contratti derivati in scadenza in quanto tali attività sono incorporate nello strumento. Infine gli ETC che investono direttamente nelle materie prime consentono di evitare gli oneri e i rischi legati al loro stoccaggio.

- Ottenere un'esposizione a un rendimento assoluto (total return); in caso di ETC legati al prezzo di contratti future sulla materia prima, il risparmiatore ha accesso a un rendimento assoluto che comprende tre diverse componenti:

  ➢ Rendimento spot: è quello derivante dall'oscillazione del prezzo del future della materia prima sottostante.

  ➢ Rendimento legato al rolling (che può essere positivo o negativo): è il rendimento associato all'attività di sostituzione dei contratti future in scadenza che consente di mantenere la posizione sul sottostante: esso è negativo (riporto o contango) quando il contratto in scadenza ha un prezzo inferiore a quello successivo, mentre è positivo (deporto o backwardation) nel caso opposto.

  ➢ Rendimento del collaterale: è l'interesse che si ottiene dall'investimento del collaterale (l'acquisto di un future non richiede infatti alcun investimento se non il mantenimento di un margine che però è anch'esso remunerato).

Gli ETC sono, a differenza degli ETF, soggetti al rischio controparte, e quindi, nel caso di fallimento dell'emittente, il sottoscrittore di un ETC rischia di perdere il proprio capitale investito. Per ovviare a questo problema molti emittenti provvedono a collateralizzare gli ETC, cioè ad accantonare su un conto separato e indipendente una somma di denaro o un quantitativo di materie prime a garanzia del capitale investito negli ETC.

Per quanto riguarda la tassazione dei proventi derivanti dagli ETC (Exchange Traded Commodity) e dagli ETN (Exchange Traded Note), che rientrano nella categoria degli strumenti derivati, producono solo redditi diversi.

Per gli investitori privati italiani che hanno scelto un regime del risparmio amministrato l'aliquota è del 26%. Non si deve riportare alcuna voce nella dichiarazione dei redditi dal momento che l'intermediario opera come sostituto di imposta. Producendo redditi diversi, le plusvalenze sono compensabili con le minusvalenze pregresse. Le minusvalenze sono infine riportabili nei quattro successivi anni.

Esistono due macrocategorie di ETC:
- ETC che hanno un sottostante fisico.
- ETC che investono in future su materie prime.

Questa distinzione appare piuttosto importante perché da origine a una differente metodologia per il calcolo del prezzo dello strumento stesso.

ETC che hanno un sottostante fisico

Gli ETC fisici o physically-backed sono ETC garantiti da materie prime depositate presso i caveau di una banca incaricata dall'emittente, perciò il loro valore è strettamente legato all'andamento del prezzo spot della materia prima eventualmente convertito in Euro nel caso in cui la valuta di negoziazione di quest'ultima sia diversa dalla divisa europea.

Gli ETC fisici, quindi, consentono agli investitori di ottenere un'esposizione simile a quella che potrebbero conseguire comprando e conservando autonomamente la materia prima fisica, ma con il vantaggio di evitare i rischi e i costi legati alla loro gestione (immagazzinamento, custodia, assicurazione ecc.).

- Gli ETC fisici rappresentano la scelta tecnica ottimale nel caso in cui la commodity sottostante abbia un elevato valore intrinseco, non sia deperibile e risulti facilmente stoccabile secondo standard di "good delivery" generalmente riconosciuti. Per questo motivo gli ETC fisici sono generalmente utilizzati per replicare la performance di metalli preziosi come oro, argento, platino e palladio e non di prodotti agricoli, metalli industriali o commodities legate all'energia per le quali si porrebbero problemi di conservazione o di stoccaggio.

Gli ETC physically-backed condividono con gli ETF il medesimo meccanismo di funzionamento definito come creation e redemption in kind (creazione e rimborso in natura), sulla base del quale investitori istituzionali autorizzati (authorised participants) possono richiedere la creazione o il rimborso degli ETC fisici scambiando con il depositario l'esatta quantità di materia prima controllata da ciascun ETC per un determinato lotto minimo (mercato primario). Questa procedura assicura che gli ETC fisici siano effettivamente fungibili con la materia prima sottostante sia sotto il profilo del prezzo che sotto quello della liquidità che si crea sul mercato secondario, mercato nel quale gli ETC possono essere acquistati dagli investitori retail anche per controvalori minimi, considerando che il lotto minimo di negoziazione è di un solo titolo.L'acquisto di questi titoli dà di fatto diritto al bene fisico reale (ad esempio 1/10 di oncia d'oro) ed è soggetto a commissioni di gestione proporzionalmente addebitate per il periodo di detenzione dello strumento finanziario stesso, mentre nessuna commissione di "Entrata", di "Uscita" e di "Performance" è a carico dell'investitore.

Le commissioni vengono incorporate giorno per giorno nel valore in Borsa dell'ETC e vengono addebitate diminuendo la percentuale di bene fisico a cui si ha diritto (Entitlement).

Il prezzo in Euro dell'ETC è quindi calcolabile attraverso una semplice formula:

Prezzo Etc =

Prezzo bene fisico x 1 / tasso di cambio x Entitlement

E' bene ricordare come tutte le materie prime siano contrattate in dollari statunitensi: per questo il prezzo dell'ETC in Borsa sarà influenzato dalla dinamica del cambio euro/dollaro.

ETC che investono in future su materie prime

Per questa categoria di strumenti finanziari il prezzo dell'ETC, oltre alla dinamica della materia prima sottostante, incorpora anche i costi necessari per la sostituzione del contratto del future in scadenza con quello successivo (rolling). Oltre al rendimento spot, ovvero quello legato all'oscillazione del prezzo del future della materia prima sottostante, si deve calcolare anche il rendimento legato al rolling che può essere positivo (deporto o backwardation) o negativo (riporto o contango). A questi fattori si deve inoltre aggiungere anche il rendimento del collaterale, ovvero l'interesse che si ottiene dall'investimento in future che, come noto, non richiede alcun investimento se non il mantenimento di un margine anch'esso remunerato.

- Anche in questo caso il rendimento finale sarà in ogni caso condizionato, positivamente o negativamente, dalla dinamica del tasso di cambio euro/dollaro e dalle commissioni di gestione incorporate giornalmente nel prezzo dell'ETC in Borsa.

La gamma di commodities replicata dagli ETC è molto ampia e non si limita alle singole materie prime, ma si estende ai loro indici, sotto-indici e indici forward.
Tutto ciò permette al risparmiatore, a seconda delle sue aspettative e della sua propensione al rischio, sia di scommettere sull'andamento positivo di una singola materia prima, sia di ottenere una posizione ben diversificata su un paniere di commodities acquistando:

- Più ETC su singole materie prime (Alluminio, Caffè, Rame, Granoturco, Cotone, Benzina, Oro, Olio Combustibile, Petrolio Brent, Petrolio Wti, Suini Magri, Bestiame Vivo, Gas Naturale, Nickel, Argento, Olio di Semi di Soia, Semi di Soia, Zucchero, Platino, Palladio, Frumento, Zinco, Piombo, Stagno e Cacao).

- Gli ETC su indici legati a panieri omogenei di merci (Prodotti Agricoli, Energia, Cereali, Metalli Industriali, Bestiame, Petrolio, Metalli Preziosi).
- Gli ETC su indici globali di commodities.
- Gli ETC su indici forward di commodities.

Grazie alla negoziazione in Borsa gli ETC consentono un'ampia flessibilità di utilizzo, rendendoli strumenti adatti a sfruttare qualsiasi aspettativa sull'evoluzione dei mercati o esigenza dei risparmiatori; possono infatti essere utilizzati sia per investimenti di breve periodo, al fine di cogliere i movimenti di una singola seduta di Borsa, sia per quelli con un orizzonte temporale lungo, considerato che gli ETC non hanno una scadenza. Infine, se il proprio intermediario lo consente, possono essere venduti allo scoperto puntando al ribasso, o marginati al fine di porsi a leva sul loro andamento.

- Infine considerato che gran parte delle materie prime sono trattate in dollari, il valore dell'investimento sarà influenzato positivamente o negativamente dall'andamento del tasso di cambio euro/dollaro.

.

E.T.N. - Exchange Traded Notes

Gli Exchange Traded Notes (ETN) sono strumenti finanziari emessi a fronte dell'investimento diretto dell'emittente nel sottostante (diverso dalle commodities) o in contratti derivati sul medesimo. Il prezzo degli ETN è, pertanto, legato direttamente o indirettamente all'andamento del sottostante. Similarmente agli ETF gli ETN:

- Sono negoziati in Borsa come delle azioni.
- Replicano passivamente la performance del sottostante (tipicamente un indice) a cui fanno riferimento rientrando a pieno merito nella famiglia dei "cloni".

Con gli ETN si ampliano le opportunità d'investimento; gli ETN, infatti, consentono agli investitori l'accesso a indici e sottostanti diversi dalle materie prime già coperte dagli ETC. Per ETN, infatti, si intende uno strumento finanziario derivato cartolarizzato emesso da una società veicolo che replica un indice azionario, obbligazionario, di valute o singole valute, o tassi.

- Il criterio che distingue gli ETN dagli ETC è esclusivamente la natura del sottostante: quando è una materia prima ci si riferisce agli ETC, mentre in tutti gli altri casi agli ETN. Entrambi gli strumenti condividono, invece, le medesime caratteristiche a proposito dell'emittente e della struttura dell'operazione.

Gli ETN, infatti, al pari degli ETC, non sono OICR, ma titoli senza scadenza emessi da una società veicolo a fronte dell'investimento diretto nel sottostante o dell'investimento in contratti sul sottostante medesimo stipulati dall'emittente con operatori internazionali di elevato standing. Ciò che accomuna gli ETC e gli ETN è l'esistenza, per ciascuna classe di titoli, di un mercato primario e di un mercato secondario. Il mercato primario, accessibile esclusivamente agli intermediari autorizzati, consente la sottoscrizione e il rimborso dei titoli su

110

base giornaliera al valore ufficiale dell'ETN. Il mercato secondario è rappresentato dal mercato di quotazione, dove tutti gli altri investitori possono negoziare gli ETN al prezzo determinato dalle migliori proposte in acquisto e in vendita presenti sul book di negoziazione.

- La procedura di sottoscrizione e rimborso sul mercato primario consente agli intermediari specializzati di effettuare arbitraggi che fanno sì che il prezzo degli ETN sul secondario sia costantemente allineato al valore di mercato del sottostante come avviene per gli ETC; di conseguenza il rischio di acquistare un ETN a premio o di venderlo a sconto è ridotto, tuttavia questo rischio non può essere a priori escluso.

Gli ETN sono, a differenza degli ETF, soggetti al rischio controparte, nel caso di fallimento dell'emittente il sottoscrittore di un ETN rischia di perdere il proprio capitale investito. Per ovviare a questo problema molti emittenti provvedono a collateralizzare gli ETN, cioè ad accantonare su un conto separato e indipendente una somma di denaro o un quantitativo di materie prime a garanzia del capitale investito negli ETN.

- Il 10 febbraio 2011 sono state quotate in Borsa Italiana le prime 12 Exchange-Traded Note (ETN), correlate a indici di coppie di valute.
- Il 31 ottobre 2013 sono state quotate sull'ETFplus le prime 6 ETN (a leva 3x, lunga e corta) su indici azionari.
- Il 30 luglio 2014 le prime 3 ETN (a leva 3x corta) su indici obbligazionari.
- Al 10 settembre 2014, sono 53 le ETN quotate sull'ETFplus, emesse da due distinti fornitori.

Il mercato ETFplus, grazie alla quotazione in tempo reale degli ETN, ha reso accessibile a tutti gli investitori in maniera semplice, trasparente e con elevata liquidità, indici e sottostanti altrimenti non raggiungibili né con ETF né con ETC.
In sintesi un ETN consente di:

- Accedere direttamente al mercato sottostante: gli ETN replicano la performance di indici di diversa natura (di valute, tassi d'interesse, azionari, obbligazionari), grazie all'investimento diretto da parte della società emittente in contratti derivati sul sottostante stesso. Gli ETN consentono agli investitori di avere un'esposizione simile a quella che si otterrebbe gestendo una posizione lunga sull'indice sottostante; a oggi, sul mercato ETFplus, sono quotati ETN che replicano la performance di strategie su valute con leva finanziaria.

- Accedere a indici difficilmente investibili a un costo contenuto: come per gli ETC, nessuna commissione di "Entrata", di "Uscita" e di "Performance" è a carico dell'investitore, mentre le commissioni sono applicate in proporzione al tempo di possesso del titolo. Infine, come per l'acquisto di un qualsiasi altro titolo sul mercato vanno considerate le commissioni di negoziazione applicate dalla propria banca/Sim.

C.F.D. - Contract For Difference

I CFD, Contract for Difference, sono contratti attraverso i quali due parti si accordano per scambiarsi il flusso finanziario derivante dal differenziale tra il prezzo di un'attività finanziaria sottostante rispettivamente al momento dell'apertura (accensione) del contratto e al momento della chiusura (conclusione) del contratto.

La parte acquirente realizza un guadagno nel caso in cui il valore dell'attività aumenti, e una perdita nel caso in cui tale valore diminuisca. Viceversa, la parte venditrice realizza una perdita a fronte dell'aumento del prezzo dell'attività e un guadagno se tale prezzo diminuisce. I CFD sono strumenti derivati che permettono agli investitori di trarre vantaggio dal rialzo (posizione long) o dal ribasso (posizione short) del prezzo di attività finanziarie sottostanti e sono spesso usati per speculare in questo tipo di mercati. Attraverso la marginazione è possibile moltiplicare le possibilità di investimento del capitale, incrementare la diversificazione del portafoglio e aumentare le opportunità di profitto. I CFD consentono quindi di prendere posizione sui mercati finanziari in via sintetica, ossia non si acquista o si vende alcun titolo, futures o valuta, bensì si acquista/vende un contratto che consente di realizzare la performance messa a segno dall'attività finanziaria sottostante.

I CFD rappresentano un'innovativa modalità operativa per fare trading su azioni, indici, valute e commodities.

- Negli Stati Uniti i CFD non sono permessi a seguito delle restrizioni imposte dalla US Securities and Exchange Commission relative agli strumenti finanziari over the counter (OTC). Optando per i CFD, non si va a operare sui futures, ma su contratti che replicano l'indice. Dunque, si tratta di un vantaggio non indifferente, perché non si va a fare trading sul future ma sull'indice e questo consente di poter monitorare con maggiore semplicità il mercato così da poter evitare il roll-over che va a prolungare la scadenza del contratto e che, quindi, aumenta anche i costi totali.

Nonostante il possessore del CFD non abbia diritto di proprietà sui titoli, la posizione CFD concede il diritto di ricevere il rendimento dell'attività finanziaria sottostante, compreso il dividendo. Ovviamente la parte corta della transazione è obbligata a pagare il rendimento comprensivo dei dividendi. Quindi per le posizioni lunghe riceverete il dividendo, mentre in caso di una posizione corta (ribassista) nel giorno dello stacco del dividendo, si dovrà pagare il dividendo.

- I CFD sono strumenti molto efficienti per operare al ribasso (short) per più giorni sui titoli azionari: l'operazione effettuata attraverso i CFD, a differenza dei tradizionali servizi di prestito titoli, non comporta alcun costo oltre alle normali commissioni di negoziazione, garantendo oltretutto un interesse giornaliero calcolato sul controvalore dell'operazione stessa. Se volete operare short (al ribasso) non esiste alcuno strumento più semplice ed economico del CFD.

Se decidete di shortare un titolo e mantenerlo in portafoglio per più giorni, dovete accendere un contratto di prestito titoli con il broker e pagare una commissione e un interesse al broker sui titoli che vi sta prestando. Con i CFD invece è tutto molto semplice: potete aprire una posizione short vendendo un CFD, guadagnando così in caso un determinato titolo vada in ribasso. Poiché non si vende un titolo, bensì un contratto che replica l'andamento del titolo, non è necessario alcun prestito titoli.

- Inoltre sulle operazioni short overnight dei CFD, non solo non vi è alcuna commissione o interesse sul prestito titoli, ma si riceve un interesse giornaliero calcolato sul controvalore dell'operazione.

In altre parole acquistando o vendendo un CFD si ottiene il rendimento, positivo o negativo, messo a segno da un'azione, indice, valuta o commodity. Il valore del titolo sottostante e del relativo CFD sono sempre allineati e così le performance ottenute dai due strumenti.

Se ad esempio il titolo Eni mette a segno un rialzo pari al 5%, il corrispondente CFD su Eni guadagnerà il 5%. Operare con i CFD significa operare sulle differenze di prezzo dei contratti: in pratica si guadagna o perde in base al delta tra il prezzo di acquisto e il prezzo di vendita del sottostante, moltiplicato per il numero di CFD azionari o di contratti movimentati.

- L'acquirente del CFD (parte lunga del contratto) paga un tasso di interesse e riceve in controparte il rendimento del sottostante.
- Il venditore (parte corta) riceve invece un tasso di interesse e paga il rendimento del sottostante.

E' bene precisare che acquistando un CFD su un titolo azionario, il trader non diviene proprietario del titolo, ma beneficia comunque in maniera completa delle performance del sottostante compresi gli eventuali dividendi, diritti di opzione, ecc. I vantaggi derivanti dall'operatività su questi strumenti finanziari sono in estrema sintesi legati ai costi e alla leva finanziaria. I CFD su azioni consentono di operare su una gamma molto ampia di titoli azionari quotati nelle più importanti borse di tutto il mondo. Si può operare sui mercati azionari in marginazione con leva sia intraday sia overnight. Vediamo ora le caratteristiche base da tenere in considerazione quando avviamo una piattaforma di trading CFD.

Siano dati:

- Quantità Unitaria: 10 azioni. La quantità unitaria delle azioni rappresenta la quantità di base che si può negoziare. In pratica, si tratta al contempo della quota minima negoziabile e della quantità di cui si compone ciascuna unità. Se voglio investire sull'azione XY potrò farlo su 10 azioni, 20 azioni, 30 azioni, ma non su 35. La quantità unitaria viene anche detta lotto minimo, inteso come lotto minimo acquistabile. Se una azione costa 10 €, la quantità minima negoziabile è di 10 azioni perciò 100 €, che si potranno acquistare attraverso la leva e quindi investire 5 € per un lotto minimo.

- Premio sugli Acquisti: -0,030%. Il premio sugli acquisti è una percentuale che può venire aggiunta o sottratta al proprio conto nel caso si mantenga la posizione durante la notte. In pratica, se prima della chiusura del mercato non si chiude la posizione, nel caso di CFD sulle nostre azioni XY viene sottratto uno 0,030% per le posizioni di acquisto mantenute aperte durante la notte.

- Premio sulle Vendite: 0,010%. Il premio sulle vendite (analogamente al premio sugli acquisti) è una percentuale che può essere sottratta o aggiunta al proprio conto disponibile nel caso si mantenga una posizione aperta durante la notte. In questo caso, considerato i dettagli dei CFD sulle nostre azioni XY, sulle vendite il premio è di 0,01%.

- Maturazione del Premio: 20:00. La maturazione del premio concerne il giorno e l'ora in cui vengono sbloccati i premi sugli acquisti e sulle vendite.

- Leva Finanziaria: 1:20. In questo caso, la leva 1:20 consente di acquistare strumenti per 1.000 € con soli 50 €. Più è alta la leva, più evidenti saranno le variazioni di guadagno/perdita in base ai movimenti di prezzo.

- Margine Iniziale: 5%. Il margine iniziale rappresenta la quota che effettivamente si sottrae al conto disponibile per aprire una posizione. Ad esempio, se apriamo una posizione sulle nostre azioni XY per 1.000 € il margine iniziale è del 5% perciò 50 €, mentre per 500 € sarà di 25 €.

- Margine di Mantenimento: 2,5%. Il margine di mantenimento è una quota a garanzia dell'apertura della posizione. In pratica, si tratta di una garanzia per il broker in quanto questo offre la leva finanziaria e quindi lo stesso broker si assume un rischio da parte del trader.

- Scadenza Giornaliera: no. Le posizioni aperte con i CFD possono scadere giornalmente, così come possono rimanere aperte. Nel caso scadano giornalmente, alla scadenza la differenza tra profitto e perdite viene aggiunta o sottratta al conto disponibile. Nel caso delle nostre azioni XY, ad esempio, non scadono.

- Data di Scadenza: nessuna. Alcuni CFD, quando è prevista una scadenza, possono scadere non solo a una data ora ogni giorno, ma anche in una data precisa. Nel caso preso in considerazione, non vi è data di scadenza.
- Ore di Negoziazione: 9:00-17:30. I mercati non sono sempre aperti perciò ogni strumento finanziario può essere negoziato soltanto in alcuni orari. Quando si lascia una posizione aperta, non si può chiudere se il mercato è chiuso perciò occorre aspettare la sua riapertura.

Nell'esempio, i CFD sulle azioni XY sono negoziabili nelle ore di apertura di Piazza Affari, dalle 9 alle 17.30. Il weekend, il mercato azionario rimane chiuso in tutto il mondo.

Posizione Long

Attraverso i CFD è, quindi, possibile puntare sul rialzo dei titoli con la classica struttura Long. L'operazione risulterà profittevole solo nel caso in cui il prezzo di vendita risulti superiore a quello di acquisto.

Esempio

- Acquisto 100 CFD su Fiat a 10,50 €
- Vendita 100 CFD su Fiat a 11,00 €
- Saldo posizione = 11 − 10,50 = 0,50 x 100 = + 50 € (utile)

Esempio

- Acquisto 150 CFD su Fiat a 11,40 €
- Vendita 150 CFD su Fiat a 10,20 €
- Saldo posizione = 10,20 − 11,40 = - 1,20 x 150 = - 180 € (perdita)

Posizione Short

Un'innovativa quanto valida alternativa offerta dai CFD è quella di trarre profitto dai ribassi messi a segno dal titolo sottostante. In termini tecnici si definisce "shortare" un titolo l'operazione speculare al classico acquisto.
Il vantaggio offerto dai CFD rispetto ai titoli azionari tradizionali è quello di non dover ricorrere al servizio di Prestito Titoli che impone nella maggior parte dei casi maggiori costi e vincoli. Per poter assumere una posizione ribassista sui CFD è sufficiente vendere il contratto per poi riacquistarlo in un secondo momento. Evidentemente l'operazione sarà profittevole nel caso in cui il prezzo del sottostante nell'arco di durata dell'operazione sarà sceso rispetto al prezzo di apertura. Nel caso in cui la chiusura dell'operazione avvenga invece a un prezzo superiore a quello iniziale, l'investimento comporterà una perdita.

Esempio

- Vendita 500 CFD su Eni a 22 €
- Acquisto 500 CFD su Eni a 20,50 €
- Saldo posizione = 22 – 20,50 = 1,50 x 500 = + 750 €
  (utile)

Esempio

- Vendita 250 CFD su Eni a 24 €
- Acquisto 250 CFD su Eni a 26 €
- Saldo posizione = 24 – 26 = - 2 x 250 = - 500 €
  (perdita)

Per semplificazione negli esempi sopra esposti non sono state considerate le commissioni di negoziazione.
I calcoli sono inoltre relativi a operazioni aperte e chiuse nella medesima giornata di negoziazione. Per le operazioni multiday si devono calcolare anche i costi o i ricavi derivanti dalla marginazione. I CFD consentono di operare anche su un'ampia gamma di indici delle varie borse mondiali. Si può investire puntando indifferentemente sul rialzo o sul ribasso dei tradizionali indici europei e americani ma anche di quelli delle borse più esotiche e meno facilmente raggiungibili come Hong Kong, Australia, Korea, Singapore, India etc. I CFD consentono di operare sia sugli indici, sia sui contratti future, con contratti standard e contratti mini. Sulla maggior parte degli indici è inoltre possibile effettuare operazioni 24 ore su 24. Un indubbio vantaggio rispetto all'operatività tradizionale che si limita agli orari di apertura mercati.

- I CFD su indici, inoltre, non hanno alcuna scadenza come invece accade per i tradizionali contratti future. Questa caratteristica evita, ad esempio, di dover effettuare il roll-over periodico tra scadenze di contratti successivi. Il CFD su indice è assimilabile, quindi, a un classico CFD su azioni dove sulle posizioni lunghe si paga un interesse e si ricevono i dividendi mentre sulle posizioni short si ricevono interessi e si pagano dividendi.

- Sui CFD Forward, invece, interessi e dividendi vengono già inclusi nelle quotazioni correnti e non è quindi necessario alcun accredito/addebito di queste voci.

E' decisamente vasta altresì l'offerta di commodity su cui è possibile operare al rialzo o al ribasso tramite i CFD. Contratti standard e contratti mini sugli energetici (petrolio Crude, Light crude e gas USA e inglesi), sui metalli (oro e argento spot oltre ad una vasta gamma di contratti forward su altri metalli industriali) e su altre materie prime (cacao, caffè, succo d'arancia, zucchero, cotone, legname, grano, avena, frumento, soia, riso, bestiame, carni etc..).

- Le quotazioni sono espresse con un differenziale denaro/lettera (spread) che include tutti i costi di negoziazione.
- L'acquisto o la vendita dei CFD su commodity non implicherà quindi l'addebito di alcuna commissione ulteriore.

Estremamente ampia, infine, la gamma di cross valutari accessibili. Si passa dai classici euro/dollaro, euro/sterlina, dollaro/sterlina, dollaro/yen, fino ad arrivare alle valute meno accessibili come lo sloti polacco, il dollaro australiano o altre valute esotiche. Uno degli aspetti senza dubbio più interessanti è quello di permettere un'operatività a uno spread estremamente contenuto.

- I differenziali denaro/lettera sui principali cambi (euro dollaro e dollaro/yen) partono addirittura da un solo pip.
- Il margine richiesto parte dall'1% su: EUR/USD, GBP/USD, USD/JPY, USD/CHF, EUR/GBP, AUD/USD e EUR/YEN.

Da non trascurare inoltre la possibilità di operare anche sui contratti "mini": un fattore utile ad aumentare la flessibilità di investimento degli operatori che intendono investire capitali più contenuti.

Esempio

Apertura dell'operazione: calcolo dei margini.
Decidiamo di andare long sull'euro/dollaro utilizzando i contratti "mini" (valore di un singolo contratto 10.000 euro, valore di un pip = 1 dollaro).
Il cross quota 1.4001/1,4002 e decidiamo di acquistare 5 contratti (l'equivalente di 50.000 euro) a 1,4002.
Il valore complessivo della vostra posizione è pertanto: 50.000 x 1,4002 = 70.010 $.
Il margine richiesto per l'operazione è di 700,10 dollari, corrispondente all'1% del controvalore della posizione. Mentre la posizione rimane aperta, il conto rifletterà il differenziale dei tassi di interesse dell'euro e del dollaro.
I tassi di interesse del dollaro sono attualmente inferiori a quelli praticati dalla BCE.
In questo caso si avrà:
- Un credito in euro.
- Un debito in dollari.
- Pertanto sulla posizione verranno aggiunti giornalmente gli interessi derivanti dalla posizione long in essere.

Dopo un mese dall'apertura, il cross Euro/Dollaro è salito e si decide, quindi, di liquidare la posizione vendendo i 5 contratti a 1,4420. Il profitto sulla transazione viene così calcolato:
- Acquisto: 5 x 10.000 x 1,4002 = 70.010 $
- Vendita: 5 x 10.000 x 1,4420 = 72.100 $
- Margine: 70.010 x 1% = 700,10 $
- Rendimento assoluto: 72.100 – 70.010 = 2.090 $
- Rendimento % senza marginazione:

2.090 / 71.010 = 2,98%

- Rendimento % con marginazione:

2.090 / 700,10 = 298,53%

I CFD sono prodotti over the counter il cui trading è solitamente gestito da broker o market maker (intermediario finanziario), conosciuto come gestore di CFD: i gestori di CFD definiscono termini di contratto, tassi di margine e quali strumenti finanziari sono disponibili al trading. Il trading avviene secondo due diversi modelli che possono avere conseguenze sul prezzo degli stessi strumenti in questione.

- Market Maker (MM): questo è il metodo più comune dove il gestore di CFD decide il prezzo per il CFD sullo strumento sottostante e raccoglie tutti gli ordini all'interno del proprio pacchetto. La maggior parte dei gestori di CFD investiranno tali posizioni sulla base dei propri modelli di rischio, che potrebbero rivelarsi semplici tanto quanto comprare o vendere il sottostante stesso, ma potrebbero anche passare per una serie di investimenti o consolidare le posizioni dei clienti e controbilanciare una posizione di ribasso di un cliente con una di rialzo di un altro cliente. Questo non ha alcun effetto sul trading poiché a prescindere da ciò che il gestore di CFD faccia con il proprio rischio di mercato, il contratto è sempre e comunque tra il trader e il gestore di CFD. La conseguenza principale è che quel prezzo può essere differenziato dal fisico mercato sottostante se il gestore di CFD per esempio prende nel proprio pacchetto posizioni di altri clienti che sta controllando. Questo permette al gestore di CFD grande flessibilità su prodotti e tempistiche di trading offerti, dal momento che è possibile creare ibridi e protezioni usando strumenti alternativi come per esempio il permesso di fare trading al di fuori dei normali orari di mercato. In pratica, il prezzo del market maker solitamente corrisponde allo strumento sottostante visto che altrimenti il gestore di CFD sarebbe esposto ad arbitraggio, ma alcuni gestori di CFD aggiungono al contratto un'ulteriore garanzia scritta che assicura la corrispondenza tra prezzi dei CFD e strumenti sottostanti.

- Direct Market Access (DMA): creato in risposta alla preoccupazione che il prezzo nel modello del market maker non corrispondesse a quello dello strumento sottostante. In questo modo il gestore di CFD garantisce una concreta contrattazione nel mercato sottostante al fine di far combaciare gli ordini di CFD uno ad uno. Il contratto rimane tra i trader e il gestore di CFD e il trader non possiede fisicamente alcuno strumento sottostante. Attraverso questa procedura la corrispondenza di prezzo tra CFD e strumento sottostante è garantita ed è possibile consultare tali prezzi nel registro di mercato, stando certi che non subiranno alcuna riquotazione. Questa prassi è solamente per alcuni tipi di strumenti sottostanti ed è usata principalmente per CFD di azioni; potrebbe risultare più costosa dal momento che i gestori di CFD non hanno accesso ad economie di scala e devono coprire le spese delle transazioni di scambio.

Storia dei CFD

I CFD sono nati a Londra nei primi anni 90.
Basati sugli swap di capitale, avevano l'ulteriore vantaggio di essere un prodotto a marginazione esente dal bollo, una tassa inglese.

- L'invenzione dei CFD è principalmente accreditata a Brian Keelan e Jon Wood, entrambi dipendenti UBS Warburg, in occasione della loro trattativa con Trafalgar House a inizio anni novanta.

I CFD vennero inizialmente utilizzati da hedge funds e investitori istituzionali al fine di proteggere la propria esposizione azionaria sul London Stock Market in modo economicamente conveniente. Alla fine degli anni 90 i CFD sono stati introdotti per la prima volta agli investitori commerciali. Alcune società inglesi hanno contribuito alla loro diffusione offrendo un servizio contraddistinto da innovative piattaforme online che davano la possibilità di controllare i prezzi e fare trading in tempo reale. Le prime società a occuparsi di CFD sono state GNI (conosciuta originariamente come Gerrard &National Intercommodities) e oggi parte di MF Global, IG Markets e CMC Markets. Circa nel 2000 gli investitori si accorsero però che il reale vantaggio di fare trading con i CFD non era l'esenzione dal bollo, ma bensì l'abilità di applicare la leva finanziaria a qualsiasi attività sottostante.
Questa fu la svolta che determinò l'espansione dei CFD. Le società che offrivano servizio di CFD risposero immediatamente ed espansero l'offerta aggiungendo alle semplici azioni del London Stock Exchange (LSE) anche indici, azioni globali, commodities, titoli di stato e valute. Fare trading con indici CFD, come per esempio quelli basati sui maggiori indici mondiali quali Dow Jones, NASDAQ, S&P 500, FTSE, DAX e CAC, è presto diventata l'attività più diffusa nel trading con i CFD.

Nel 2001 un certo numero di società che offrivano servizio di CFD si sono accorte che i CFD avevano lo stesso effetto economico del Financial Spread Betting ad eccezione del regime fiscale che rendeva il prodotto non tassato per i clienti. La maggior parte di queste società lanciò quindi un'operazione di Spread Betting finanziario parallelamente con l'offerta CFD. In Gran Bretagna il mercato dei CFD rispecchia in diversi aspetti il mercato dello Spread Betting e i prodotti sono simili. Ciò nonostante, mentre i CFD sono stati esportati in diversi Paesi, lo Spread Betting si fonda su uno specifico vantaggio fiscale e rimane quindi un fenomeno prettamente inglese e irlandese.

Le società hanno iniziato a espandersi nei mercati esteri introducendo i CFD per la prima volta in Australia nel 2002, grazie ad IG Markets (società parte di IG Group) e CMC Markets. Da allora i CFD sono stati introdotti in altri Paesi: Gran Bretagna, Olanda, Polonia, Portogallo, Germania, Svizzera, Italia, Singapore, Sud Africa, Australia, Svezia, Francia, Irlanda, Giappone e Spagna.

Fino al 2007 i CFD sono stati oggetto di trading esclusivamente over the counter (OTC), anche se il 5 Novembre 2007 la borsa australiana Australian Securities Exchange (ASX) ha inserito dei CFD nella lista delle 50 azioni australiane oggetto di maggior trading, in 8 coppie di valuta, negli indici mondiali chiave e in alcune commodities.

Leva finanziaria

La marginazione offerta dai CFD può essere definita come la possibilità di assumere posizioni al rialzo o al ribasso, sia intraday sia su più giorni, impiegando solo una parte della liquidità effettivamente movimentata. Questa caratteristica consente di moltiplicare le possibilità di investimento del capitale disponibile permettendo, ad esempio, una maggiore diversificazione del portafoglio.

Operare a margine del 25% significa moltiplicare per 4 (leva finanziaria) il capitale.

Una marginazione del 5% implica invece una leva pari a 20.

- Sfruttare la leva finanziaria significa moltiplicare il capitale a disposizione per ottenere un rendimento maggiore del tasso di interesse richiesto dal prestatore per le posizioni multiday. Questo concetto è valido per le posizioni sui CFD al rialzo.

- Per le posizioni ribassiste, invece, la marginazione consente di ricevere una remunerazione per il capitale che si presta alla controparte.

Sulle azioni italiane la marginazione varia in base alla tipologia e alla liquidità del titolo come illustrato dalla seguente tabella. Si tenga inoltre presente che inserendo gli stop loss è possibile aumentare ulteriormente la leva.

- Tipologia di azioni: prime 20 azioni del FTSE MIB
  - ➢ Leva: 20x
  - ➢ Marginazione: 5%

- Tipologia di azioni: altre azioni FTSE All-Share
  - ➢ Leva: 10x
  - ➢ Marginazione: 10%

- Tipologia di azioni: altri titoli Italia
  - ➢ Leva: 4x
  - ➢ Marginazione: 25%

Operando con i CFD si apre automaticamente una posizione marginata; ciò significa che solo una parte del capitale disponibile viene impegnata, aumentando quindi le possibilità di investimento. Sul mercato azionario italiano, il costo della marginazione è pari:

- Per le operazioni long all'Euribor +2,5% annuo.
- Per le operazioni short si riceve invece un interesse pari all'Euribor -2,5% annuo.

Gli interessi sono calcolati su base giornaliera e vengono addebitati o accreditati settimanalmente sul conto. L'operazione in Marginazione è disponibile in due modalità Intraday e Multiday: la durata dell'operazione, infatti, può limitarsi a una sola giornata di negoziazione oppure essere Multiday (o Overnight) con un termine massimo di 24 mesi entro cui è necessario chiudere l'operazione.

Esempio marginazione Long

Supponiamo di acquistare 1.000 CFD Mediaset a 4 euro e di venderli dopo 55 giorni a 4,50 euro. Per semplificare i calcoli evitiamo di riportare le commissioni.
Il margine dell'operazione è pari a: 4.000 x 5% = 200 euro.
Il profitto generato dall'operazione è così calcolato:

(4,50-4) x 1.000 = 500 euro

Da questo valore bisogna detrarre gli interessi passivi da marginazione.
Supponendo un tasso Euribor pari all'1,5%, gli interessi risultano pari a 24,11 euro:

(4.000 euro x 4% x 55/365gg)

Il risultato finale si attesta quindi a:

500 euro – 24,11 euro = 575,89 euro

La performance, che complessivamente è pari al 11,89% (475,89 / 4.000), sale al 237,95% se si tiene conto del capitale richiesto dall'operazione, i 200 euro di emarginazione:

$$(475,89 / 200) \times 100 = 237,95\%$$

Esempio marginazione Short

Supponiamo di vendere 10.000 CFD su Telecom Italia a un prezzo pari a 1 euro e di chiudere l'operazione 25 giorni dopo acquistando 10.000 CFD a 0,91 euro.
L'operazione richiede un margine pari a 500 euro (il 5% di 10.000 euro) e genera a fine periodo il seguente risultato:

$$(-1+0,91) \times 10.000 = 900 \text{ euro}$$

A questo bisogna aggiungere gli interessi relativi alla emarginazione short. Supponendo come nell'esempio precedente un tasso Euribor pari all'1,5% gli interessi ammontano a -6,85 euro:

$$(10.000 \text{ euro} \times -1\% \times 25/365\text{gg})$$

Il tasso di remunerazione in questa situazione è negativo per l'attuale basso livello raggiunto dall'Euribor.
Totale netto interessi:

$$900 - 6,85 = 893,15 €$$

Questo non toglie che in futuro la remunerazione delle posizioni short possa tornare ad avere un saldo positivo.
Il risultato finale della quota interessi nell'esempio sopra riportato si attesta quindi a 893,15 euro.La performance in questo caso è pari al 8,93% (893,15 / 10.000) e sale al 178,63% se si tiene conto del margine realmente impiegato di 500 euro:

$$(893,15 / 500) \times 100 = 178,63\%$$

Il margine iniziale consiste in una percentuale di garanzia che l'investitore versa come garanzia al fine di poter negoziare determinati titoli. Questo serve a creare delle garanzie sufficienti a coprire i costi di liquidazione che il broker sosterrebbe, in caso di insolvenza, per liquidare il vostro portafoglio nello scenario di mercato più sfavorevole possibile. Quindi, nel caso un titolo da voi acquistato subisce dei ribassi repentini, il broker andrà a liquidare la vostra posizione al fine di non subire danni economici consistenti. Il margine iniziale varia dal 3 al 30% per le azioni e tra lo 0,5% e l'1% per il resto degli strumenti finanziari (indici, valute, materie prime). Questo varia a seconda del sottostante e del rischio percepito. Più alto sarà il rischio più alto sarà il margine iniziale. A differenza del margine iniziale, il margine di mantenimento serve, così come dice il nome, a mantenere una posizione aperta. Per tenere aperta una nuova posizione, infatti, è necessario assicurarsi che il capitale netto del conto disponibile superi il livello del margine di mantenimento. I requisiti di livello del margine di mantenimento sono diversi e specifici per ciascuno strumento finanziario, quindi per ogni strumento selezionato potrà valere un diverso margine di mantenimento. Il margine di mantenimento è sempre monitorato in tempo reale e una volta che tale margine richiesto supera una determinata, viene inviata una mail di avviso.

- Il margine variabile è fissato dal prezzo di mercato ed è applicato quando una posizione si muove contro gli interessi del cliente. Ad esempio, comprando 200 azioni Fiat con CFD da 100 centesimi, nel caso il prezzo subisce un ribasso a 90 cent il broker detrarrebbe 20 €. Al contrario, se il prezzo arrivasse a 110 cent il broker accrediterebbe 20 € sul conto del cliente, il tutto in tempo reale.

Mentre il margine variabile può avere effetto positivo o negativo sul saldo del conto del trader, il margine iniziale invece verrà sempre detratto dal conto del trader, venendo rimpiazzato nel momento in cui il trade sarà coperto.

Lo Stop Loss

Limitare le perdite assume un'importanza fondamentale per chi opera sui mercati finanziari, soprattutto per gli investimenti effettuati a leva. Lo Stop Loss (letteralmente stop alle perdite) è una strategia finalizzata a salvaguardare il capitale investito in un'attività finanziaria nel caso in cui l'andamento dei mercati andasse in direzione contraria alle aspettative iniziali. Nel momento in cui il sottostante dovesse portarsi sul valore fissato come Stop dal cliente, l'operazione verrebbe chiusa. Lo stop loss può essere quindi definito come la massima perdita che l'investitore decide (a priori) di subire qualora l'operazione che si accinge a eseguire non vada nella direzione voluta.

- E' chiaro che l'inserimento dello Stop Loss rimane una facoltà delegata all'investitore che potrà decidere quando impostare tale protezione o meno.
- L'ordine di chiusura operazione verrà applicato automaticamente al prezzo disponibile sul mercato nel momento in cui il livello associato allo stop viene toccato.

Definire l'ampiezza dello stop loss è importante per valutare il profilo di rischio dell'operazione, rapportando la massima perdita al potenziale profitto dell'operazione che ci si accinge ad aprire. Diverse sono, infatti, le verifiche che l'investitore deve effettuare prima di concludere che lo stop loss è idoneo all'operazione che si accinge a effettuare. Anzitutto lo stop loss deve essere sostenibile, il che equivale a dire che il profilo di rischio definito dallo stop loss deve rispettare certe caratteristiche. Per semplificare possiamo dire che il rischio è sostenibile se la perdita non intacca in modo significativo il capitale a disposizione per l'operazione d'investimento.
Generalmente può dirsi accettabile uno stop loss sulla singola operazione che non ecceda la fascia compresa tra l'1% e il 2% del proprio capitale. Allo stesso tempo, però, lo stop loss deve essere "intelligente" cioè deve essere posizionato in punti

strategici del grafico che stiamo osservando. A grandi linee possiamo affermare che lo stop loss va posizionato sotto (per operazioni long) o sopra (per operazioni short) punti importanti di swing del mercato, che possono essere supporti o resistenze a livello grafico.

La volatilità del mercato, o la semplice apertura in gap tra una giornata di contrattazione e quella successiva, potrà comunque far eseguire l'ordine a un prezzo sensibilmente differente (slippage). Per fronteggiare questa problematica è possibile ricorrere alla funzione di Rischio Limitato o Stop Loss Garantito. Questa è un'opzione che garantisce l'applicazione dello Stop esattamente al prezzo deciso fissando quindi un limite massimo assoluto alle perdite registrabili da una singola operazione.

Aderendo a questa particolare funzione, quindi, il cliente è sicuro che l'ordine di Stop venga eseguito al prezzo indicato indipendentemente dalle condizioni del mercato.

Il prezzo di questa "assicurazione", il premio, è espresso in uno spread denaro/lettera ampliato al momento d'apertura della posizione. Per eseguire un'operazione a Rischio Limitato è necessario collegare uno stop loss garantito a un certo livello di prezzo, in base al quale la posizione verrà chiusa se si dovessero verificare movimenti di mercato sfavorevoli.

Esempio

Decidiamo di aprire una posizione rialzista (Long) su un contratto Light Crude Oil (scadenza luglio) con la protezione Rischio Limitato.

- Ricordiamo che un punto di contratto equivale a 10 dollari statunitensi.

Supponiamo che il Light Crude Oil quoti 70,00/70,10.
Per effettuare una transazione a Rischio Limitato si deve pagare un Premio sulla posizione di apertura.
La posizione verrà quindi aperta a 70,10 (prezzo denaro) più 4 pips (premio Rischio Limitato) = 70,14 dollari.

Aperta la posizione a 70,14 dollari, decidiamo di fissare uno stop garantito a 50 punti di distanza, ovvero a 69,64 dollari.

La perdita massima che la posizione può generare può essere così calcolata:

Livello Stop 69,64 - Livello di Apertura 70,10 = differenza 46 punti

Massima perdita possibile:

46 punti x 1 contratto x 10 dollari a punto = 460 dollari

Indipendentemente dall'andamento del prezzo del greggio e dalla volatilità dei mercati finanziari, la posizione non potrà generare perdite superiori ai 460 dollari.

Un vantaggio non indifferente per evitare i bruschi movimenti tipici di un mercato altamente volatile ed erratico come quello delle materie prime.

Esempio

- CFD Long intraday (il Cliente è Acquirente)
- Sottostante: future obbligazionario "ALFA"
- Numero lotti: 1
- Moltiplicatore: 100
- Margine scelto: 1%
- Stop loss automatico: 0,5%
- Prezzo di Apertura: 115,55
- Controvalore: 115,55 x 100 = 11.555 euro
- Controvalore margine: 115,55 x 100 x 1 = 115,55 euro
- Prezzo di Stop Loss: 115,55 - 0,5% = 114,97
- Prezzo di Chiusura: 115,62

Differenziale: (115,62 - 115,55) x 100 x 1 = 7 euro di guadagno.

Esempio

- CFD Long intraday (il Cliente è Acquirente)
- Sottostante: indice "BETA"
- Numero lotti: 1
- Moltiplicatore: 2
- Margine scelto: 2,5%
- Stop loss automatico: 1%
- Prezzo di Apertura: 16205
- Controvalore: 16205 x 2 = 32410
- Controvalore margine: 16205 x 2 x 2,5% = 810 euro
- Prezzo di Stop Loss: 16205 - 1% = 16043
- Prezzo di Chiusura: 16050

Differenziale: (16050 - 16205) x 2 x 1 = 310 euro di perdita.

Se il prezzo di chiusura fosse stato di 16030 la perdita sarebbe stata di (16030 − 16205) x 2 x 1 = 350 euro; tuttavia in questo caso sarebbe scattato lo stop loss impostato a 16043 e la perdita sarebbe stata contenuta a (16043 − 16205) x 2 x 1 = 324 euro.

Esempio

Decidiamo che l'impostazione tecnica del titolo GAMMA è interessante e ci aspettiamo che le azioni si possano apprezzare rispetto ai valori attuali di 8,335 euro.
A questo prezzo, se dovessimo comprare 1.000 azioni, dovremmo impiegare un capitale di 8.335 euro. Acquistando, invece, 1.000 CFD, grazie alla possibilità di utilizzare la marginazione, per GAMMA quella richiesta è del 5%, il nostro impiego di capitale sarà di solo:

$$8.335 \times 5 / 100 = 416{,}75 \text{ euro}$$

Dopo l'apertura della posizione, le quotazioni di GAMMA si apprezzano del 3% e il valore del titolo si attesta a 8,585 euro, con un guadagno di 0,25 euro per azione. Decidiamo di chiudere la posizione.
A questo prezzo, se avessimo acquistato le 1.000 azioni, incasseremmo:

$$8.585 - 8.335 = 250 \text{ euro}$$

oppure:

8,585 − 8,335 = 0,25 euro di guadagno x 1.000 azioni = 250 euro? pari a un guadagno del:

$$250 / 8.335 = 3\%$$

La vendita del nostro CFD ci consente invece di incassare:

$$0{,}25 \text{ euro di guadagno x } 1.000 \text{ CFD} = 250 \text{ euro}$$

esattamente lo stesso, con la differenza, però, che il capitale impiegato non è di 8.335 euro come per l'acquisto diretto di azioni, ma di soli 416,75 euro per l'acquisto dei 1.000 CFD, con un guadagno in termini percentuali pari a:

$$250 / 416{,}75 = 60\%$$

Schematizzando:

Titolo GAMMA	Acquisto Azione	Acquisto CFD
Quotazione iniziale	8,335	8,335
Quantità	1.000	1.000
Costo	8.335	416,75
Quotazione Finale	8,585	8,585
Guadagno	0,25	0,25
Plusvalenza	250	250
Guadagno %	3%	60%

E' evidente come, grazie all'utilizzo della leva, i CFD permettono di ottenere gli stessi guadagni di un investimento diretto nel titolo azionario a fronte di un impiego di capitale decisamente inferiore.

Esempio

Decidiamo che il titolo BETA sia sopravvalutato e abbia spazio per deprezzarsi.
Al momento le azioni scambiano a 3,455 euro e decidiamo di vendere allo scoperto 2.000 CFD.
Depositiamo come marginazione il 5% del valore totale delle azioni, ossia:

2.000 x 3,455 euro = 6.910 x 5% = 345,50 euro

Riassumendo:

- Titolo selezionato: BETA
- Prezzo attuale: 3,455 euro

- Quantità di CFD venduta allo scoperto: 2.000
- Marginazione richiesta: 5%
- Capitale impiegato: 345,50 euro

Tuttavia le azioni BETA, invece di deprezzarsi, accrescono il loro valore del 2% circa sino a quotare a 3,524 euro.
Decidiamo di chiudere l'operazione in perdita.
Per ogni CFD venduto allo scoperto la minusvalenza è di:

$$3,455 - 3,524 = 0,069 \text{ x } 2.000 = 138 \text{ euro}$$

a fronte di un impegno di capitale iniziale di 345,50 euro.

Anche in questo caso, grazie ai CFD, l'utilizzo di capitale nell'operazione è una frazione di quello che sarebbe stato necessario acquistando direttamente il titolo, anche se in percentuale la perdita si attesta al 40% contro un'uguale perdita in valore assoluto se avessimo trattato direttamente l'azione BETA, ma con una perdita in termini percentuali del 3,455 − 3,524 x 2.000 = 138 euro / 6.910 = 2%.

www.ingramcontent.com/pod-product-compliance
Lightning Source LLC
Chambersburg PA
CBHW060044210326
41520CB00009B/1256